U0948000

贵州省高等学校人文社会科学研究基地学术文库
贵州省高等学校人文社会科学研究基地建设项目资助
贵州省重点学科（教育学原理）建设成果

教育变革与教学个性生成

Educational Reform and the Generation of Teachers' Personality

黎平辉 著

中国财富出版社

图书在版编目（CIP）数据

教育变革与教学个性生成/黎平辉著．—北京：中国财富出版社，2015.11
（贵州省高等学校人文社会科学研究基地学术文库）
ISBN 978－7－5047－5951－1

Ⅰ.①教…　Ⅱ.①黎…　Ⅲ.①基础教育—教育改革—研究—中国
Ⅳ.①G639.21

中国版本图书馆CIP数据核字（2015）第288735号

策划编辑　王淑珍　　**责任编辑**　惠　婳
责任印制　何崇杭　　**责任校对**　饶莉莉　　**责任发行**　斯　琴

出版发行　中国财富出版社
社　　址　北京市丰台区南四环西路188号5区20楼　**邮政编码**　100070
电　　话　010－52227568（发行部）　010－52227588转307（总编室）
　　　　　010－68589540（读者服务部）　010－52227588转305（质检部）
网　　址　http://www.cfpress.com.cn
经　　销　新华书店
印　　刷　北京九州迅驰传媒文化有限公司
书　　号　ISBN 978－7－5047－5951－1/G·0634
开　　本　710mm×1000mm　1/16　　**版　　次**　2015年11月第1版
印　　张　14　　**印　　次**　2015年11月第1次印刷
字　　数　201千字　　**定　　价**　56.00元

序　言

《教育变革与教学个性生成》一书是其作者多年研究的结晶，其中有作者对基础教育课堂教学、教师专业发展现状的审视与反思，有作者对未来基础教育教学改革的期许与憧憬，更有作者基于个人实践对教育教学活动开展的感悟与体会。其实，作者对教学个性的关注，源于其在读研究生时的一次读书活动。当时，我要求我的研究生围绕加拿大现象学教育学家范梅南《教学机智——教育智慧的意蕴》一书，每人选取一个角度写一篇小论文。结果有人写教学机智，有人写教育视角转换，有人写审美教育，而作者则从教育情境中探讨教学个性化问题。当时觉得作者关注教学个性只是一时的任务驱使，没想到一发而不可收，在其后的数年中，作者围绕教学个性问题，从不同角度探讨分析，陆陆续续地发表了数十篇论文，最终凝聚成了在我手中的这部二十余万字的专著。

诚如作者在书中所言，教师的教学个性包含两大方面：一方面，相对“模仿性”而言，它包含了人的创造性以及由创造性带来的独特性，具体表现为教师对教材知识的开发、加工以及对教学方式方法的创新；另一方面，相对“工具性”而言，它追求教学过程与教师个体生命实践的合一，在教学活动中使教师的人生观、价值观、主体情趣和人生追求得到一定的实现。在教学实践中，教师教学个性向外表现为带有个人特色的创造性教学行为和凸显“自我”的生存状态，向内表现为一种勇于创新和活出“真我”的意识与态度。教师教学个性的重心是教师在教学活动中创造性的发挥以及教师在教学生活中“自我”的显现。因而，对教师教学个性的研究具有重要的现实意义。它对创新人才培养、改善课堂教学质量、提高教师的工作积极性、促进教师专业发展等方面都有着十分重要的理论与实际应用价值。

首先，本书在前人的研究基础上，从教育变革入手，从教育功能演变、教育制度革新、教育行为变革等几个方面探讨教师教学个性的生成路径与策略，建构宏观、中观与微观相结合的教师教学个性生成策略体系，丰富了国内教师教学个性研究系统论述的内容，为相关教学理论研究、教师专业发展研究、教育制度研究等提供一些有益的参考。同时，本书一改以往教师教学个性研究“现状分析—问题成因—对策提出”的线性思路，以教育变革为中心，以横向思路从多个方面探讨教育变革路径与教师教学个性生成策略，能为后来者提供一些方法、思维上的启发。

其次，21 世纪以来，尤其是党的“十七大”“十八大”后，创新人才培养成了我国教育发展的核心任务。要培养创新人才，需要培养学生的独立人格，需要提升学生的创造力。人格需要人格来熏陶，学生创造力的提升需要教师本身开展创造性的教学。而经过国家的政策扶持与大力推进，21 世纪初我国已实现了基础教育的“普九”目标，正向普及高中努力，当前，中小学教育除了继续巩固“普及”成果外，最大、最迫切的任务是如何有效提高教育质量。同时，高等教育大众化时代的到来，随着高等教育规模的扩大，当务之急也是如何保证高校的育人质量。教师是课堂教学的主导，也是提高教育质量的关键，这需要教师在教学实践中充分发挥个体的创造性，积极创新教学内容和方法，促进课堂教学质量的提高。本书不仅有宏观层面的论述，也有微观层面的具体操作策略，能为教师在教育教学过程中的“人性”显现，以及主体性、创造性发挥提供一些方法借鉴。

最后，随着经济的发展和国家扶持力度的加大，今天，教师的物质待遇有了很大提高，但是，教师物质待遇的提高并没有改变其职业倦怠高居不下的现实。究其原因，大量教师每天“按部就班”，课堂教学彰显不出个人的特色，这种缺乏创造、遮蔽个体的活动摧毁了他们的自我成就感，使他们精神麻木，自我迷失，缺乏工作积极性和人生追求。因此，要真正关注教师的生存状态，不仅要改善其物质待遇，还要创造条件，让他们在教书育人的同时，能在教学生活中明晰“自我”，从精神上提高他们的生存质量。本书对以凸显“自我”为中心的教学个性进行探讨，于克服教师职业倦怠、提高教师生存质量也会有所裨益。

在内容上，本书分为两大部分。一是明确当前教育变革的时代特征以及教师教学个性的内涵、特征及意义。在这部分内容中，作者结合改革开放以来，尤其是“十八大”以后我国社会政治、经济发展特征，明晰社会发展对人才培养提出的新要求，具体界定新的人才培养规格下进行的教育变革特征，并以教育变革的时代特征为背景，以提高教学质量为出发点，以呼应基础教育课程教学改革为目的，在“以人为本”思想的统领下，充分利用当前新的理论与思想，从社会学、教育学、哲学、心理学等领域入手建构教师教学个性的理论基础，对其内涵、特征及意义进行新的梳理。二是探讨教育变革下教师教学个性的生成策略。在这部分内容里，作者围绕教育变革这一中心，分别从宏观、中观、微观的角度探讨教育功能演变与教师角色中的人性开掘、教育教学制度革新与教师“自我”的解放、教育行为变革与教师教学个性生成。

在宏观层面，作者分析创新人才培养目标提出以及社会条件变化下，教育功能如何从偏向促进社会发展的工具性功能，转变为关注人的发展、赋予个体幸福生活的意义性功能。并从保证教育功能转变的角度，探讨作为教育活动中心环节的教学，在理念上如何回应教育功能演变的要求。再以教学理念革新为基点，探讨作为教学活动主体之一的教师在角色扮演中的改变，即分析蕴含教师主体性、能动性以及创造性的教师“人性”开掘途径。在中观层面，作者主要从教育教学制度变革的角度探讨教师“自我”的解放问题。其中，包含了知识供应制度革新与教师“自我”的解放策略：作者从知识价值、知识来源、知识选择、知识解读等方面探讨传统知识供应制度对教师“自我”的抑制，并在新知识观基础上，提出基于教师“自我”解放的新知识供应制度的建构策略；学校管理体制革新与教师“自我”的解放策略：作者从日常教学管理、人事管理、学生管理等方面探讨科层化管理体制对教师“自我”的抑制，并在充分尊重师生权利的基础上，提出基于教师“自我”解放的学校管理体制的重建策略；教育评价制度革新与教师“自我”的解放策略：作者从教育评价理念、教育评价目的、教育评价主体、教育评价内容、教育评价方式等方面探讨传统教育评价对教师“自我”的抑制，并在以人为本思想指导下，提出基于教师“自我”解放的新教育评价制度的建构策略。在微观层面，作者探讨了教育行为变革下教师教学个性的生成问题。具体而言，涉及了教学过程重建、教学模式演变、教师专业发展范式转变、教育研究范式转型下的教师教学个性的生成策略。如从教师专业发展理念、教师专业发展过程、教师专业发展手段等方面探讨传统教师专业发展范式对教师教学个性发挥的消极影响，并提出基于教师教学个性生成的教师专业发展范式变革策略；从教育研究价值、教育研究主体、教育研究过程、教育研究手段等方面探讨传统教育研究范式对教师教学个性发挥的消极影响，并提出基于教师教学个性生成的教育研究范式转型策略；从教学模式的理论基础、教学模式中的教师作用、教学模式的流程等方面探讨传统教学模式对教师教学个性发挥的消极影响，并提出基于教师教学个性生成的教学模式变革策略等。

我经常对我的研究生说：看书要看精品，而不是求多求全。同样，出书也要追求质量，要尽可能向精品看齐。本书虽有一定的思想与见解，但对教学个性的探讨还可以多角度、多层次的深入。希望作者再接再厉，努力出更好的作品。以上之言，与作者共勉，是为序。

孙俊三

2015 年 8 月

目　录

第一章 绪 论

第一节 人的转型与教育变革的时代特征

人是教育的核心，教育的根本任务就是培养社会发展所需要的人。社会发展的阶段不一样，对所需要的人的要求也就各有差异。而社会对人的要求的改变，必然会在教育领域中引起相应的反映，必然会给当下的教育变革赋予鲜明的时代特征。

一、当下中国社会人的双重转型

马克思主义哲学认为，人的本质乃社会关系的总和。人的本性受到所处社会特征的制约，社会特征由一定的政治、经济、文化发展特点组成，因此，如果追根溯源，是一定社会的政治、经济、文化特征决定了人的社会属性。中国历史虽然悠久，但从古至今上下五千年，大部分时间处于自给自足、靠天吃饭的农业社会。自鸦片战争后，中国开始了近代化进程，尤其是新中国成立后，工业化的速度加快，工业社会已显雏形。不过，中国至今有 80% 的人生活在农村，工业化依然任重而道远。而 20 世纪中后叶起，发达国家开始步入后工业社会——信息化社会，各种最新思想、理念随着改革开放之风吹入中国，给尚未完成转型的中国社会带来了巨大影响。

后发国家特有的社会发展情况，以及不平衡的经济发展现状，导致了中国当前社会发展形态交错的特点。一方面，绝大多数地区尚处于农村，农业文明影响深远；另一方面，改革开放以来，中国经济突飞猛进，工业文明正逐步占据主导地位；第三方面，作为后发国家，除了被动接受后工业文明的“侵袭”，对未来社会发展的必然趋势——信息化又不得不未雨绸缪，抢占发展的制高点。总而言之，中国社会可概括为：拖着农业社会的尾巴，在进行工业化的同时为进入后工业社会做准备。这一社会现状决定了当下中国人性转型的独特性。

（一）从人格依附到个体独立

漫长的农业社会，生产力落后造成了古代中国对人力的特别重视，所谓人多力量大。而农耕经济对土地的依赖，决定了整个社会人口流动的可能性极低，人们长久居住在同一块土地上，如何处理人际关系就显得尤为重要。因此，就产生了以儒家为代表的中国伦理文化。伦理文化的核心是把人分为三六九等的严格等级秩序，以此为基础，它明确界定了人与人之间的各种依附关系（三纲五常）。这种伦理文化与中央集权的封建制度结合后，对维护社会的长治久安，以及维系中华民族的繁衍生息都发挥了至关重要的作用。但同时，它对人身依附关系的过于强调，导致了人的群体化及个体独立性的丧失。而中国社会越是向前发展，伦理文化的保守与危害就越明显，其直接结果是形成了中国人深入骨髓的依赖性与惰性。总之，“造成我国从未形成具有真正独立人格的个人主体。靠天吃饭的自然经济使人屈从于自然的支配；家国同构、宗法一体的封建政治文化又把人牢牢地系在了血缘纽带之中，儒家人伦道德几乎扼杀了人的一切个性”。①

近代以来，秉着吸取精华、去其糟粕的精神，中国人对传统农业文明及其影响下的国民性进行了深刻解剖与反思。特别是20世纪初的新文化运动，思想家们一边对封建礼教进行了无情抨击，另一边试图通过引入西方

① 高清海．主体呼唤的历史根据和时代内涵［J］．中国社会科学，1994（4）：90－98.

工业文明中的精髓，以此改造沉疴已久的国民人格。事实证明，经济基础决定上层建筑，由于旧中国没有足够的工业经济支撑，尽管西风东渐日盛，但传统农业社会的根基未动，农业文明的影响仍然占据主导地位，国民人性没有得到根本改变。新中国成立后，“虽然政治制度发生了根本改变，但是伦理社会的面貌并没有彻底改观。因为我国的社会主义经济依然是以农业经济为主，商品经济不仅没有发展起来，而且受到了计划的极大限制。所以伦理道德还是维系社会生活的主要手段，法律法规与伦理道德相比只是起到了一种辅助作用，社会主义道德建设也远比社会主义法制建设更加完备和自觉”。[①] 这种情况具体体现为两个方面：一方面，人们对封建等级秩序进行了彻底的清算，以强化人身依附关系为特征的礼仪习俗被废除，国民的奴性被明显削弱，主体性得到进一步的拓展；另一方面，由于计划经济体制及其高度集中的中央集权政治制度的需要，群体功能被人为夸大，每个人都不得不归属于一定的组织或部门，“有事找领导”成了社会的通则。人治以及对人的政治立场的过分强调，使整个社会沦为以政治依附关系为核心的封闭场域，人的独立人格被漠视。改革开放后，尤其进入21世纪以来，中国社会在工业化的同时，对后工业化——信息化社会无法视而不见。作为中国社会发展的未来形态，信息化社会以知识创新为核心，创造力成了一个国家前进的根本动力。当前，中国经济正试图从以制造、加工为主的工业经济向以科技创新为主的知识经济转变，整个社会发展理念也不得不从崇尚保守、顺从向提倡创新与个性独立转变。社会发展的巨大变化，促使了当下中国国民人性的第一种转型：去除由几千年农业文明沉积下来的人格依附与保守，养成适应知识经济社会的独立性与创造性。

---

① 和学新．社会转型与当代中国的教育转型［J］．华中师范大学学报（人文社会科学版），2006（2）：135－140.

（二）从“物”性到“人”性

如果说人格依附是指人的独立性被遮蔽，那么人的物化则是指人的内在生命价值的失落。工具化、物化是工业化给人带来的负面影响，这种趋势最早产生于西方经济发达国家。与农业经济不同，工业经济是建基于机器大生产的规模经济，追求效率是其根本特征。这决定了工业社会对人的要求，不再是强调遵守秩序与伦理等级，而是突出个人的有用性，即个体是否拥有在单位时间生产更多产品的能力。

在工业社会中，整个社会成了一条组织严密的生产线，而人则沦为了生产线上的零部件。个体的存在价值取决于他在生产线上所发挥的作用。人全部的尊严与意义不得不依靠外在价值来支撑，物质财富成了唯一的评价指标，个体生命本身的存在意义被消解，人成了物的膜拜者与附庸。追求物质利益、功利至上是现代人的一种常态，一旦外在价值的实现遇到阻挠，人就会不择手段，而如果不幸失败，个体往往会丧失继续生存的力量与激情，于是，颓废、堕落甚至自杀的行为就越来越多。市场经济体制建立以来，中国社会在取得有目共睹的经济成就的同时，工业化的负面效应也愈见明显，人的内在价值被遮蔽，一些人被功利思想左右，个体浮躁而找不到生命存在的根基，而自古以来缺乏精神信仰的民族特性更加剧了这一现状的严重性。

面对人的物化及个体存在的虚无，西方发达国家在迎接后工业化社会到来的同时，在思想文化领域掀起了回归“人”的运动，人本主义思想渗透到社会各个角落，人作为社会发展的中心地位得到肯定，人作为个体生命的本真意义受到重视。要解决当下中国社会由于工业化所带来的人的存在危机，除了从传统文化中寻找良方，必须借鉴当代西方的人本主义思想、理念，克服人的工具化偏差，让“人”性之花重新得以绽放。

二、人的主体性彰显对教育变革的要求

人的身心发展受到遗传、环境、教育与个体能动性的影响，其中，遗传是前提与基础，环境对人的发展具有积极与消极的两面性，教育对人的发展影响发挥了主导性作用，个体能动性则是决定人的身心发展水平与程度的关键因素。作为培养人的社会活动，教育成为影响人的身心发展主导因素，主要表现为以下几个方面：第一，学校教育是有组织、有系统、有计划地促进人的知识技能掌握、思想品德形成以及体质提高的专门活动，对人的身心发展影响具有持续性；第二，学校教育是在专门场所，由专门工作人员——教师组织实施的育人活动，对人的身心发展影响具有专一性；第三，为了人的身心健康发展，学校教育选择专门内容，采用有针对性的教育手段与方法，对人的身心发展影响具有针对性。

教育对人的身心发展发挥了主导与调控作用，作为人的身心发展影响因素，其意义与价值无可置疑。同时，作为一种专业性的社会活动，教育的任务是培养社会所需要的人。因此，社会对人的具体规格要求，往往能通过相应的教育目的、教育内容以及教育方式方法等方面得以体现。换句话说，如果社会对人的规格有了新的期待，或者为了更好地促进社会发展导致人的转型，那么作为培养人的专门活动，就必须从价值取向、功能发挥以及具体目标上做出具体回应，就必须在教育内容、教育组织形式以及方法手段上进行有效变革。

人的主体性彰显反映于教育活动，一方面指教育活动结果的呈现，即培养受教育者的独立人格与主体精神，最终提升受教育者的创造力；另一方面指教育活动过程的呈现，即通过一定的形式、方法与手段，使受教育者作为“人”的权利凸显于教育教学过程，为受教育者主体性、创造性的发挥提供充足的机遇与广阔的平台。当然，同样是教育活动中的主体，受教育者与教育者在教育教学活动中是休戚与共、息息相关的利益共同体。

首先，“人”性需要“人”性的熏陶与唤醒，受教育者独立人格的养成，离不开教师主体性、能动性的充分施展与引领；其次，尽管教师是国家利益的载体，是社会要求的代言人，但是，从“人”的角度来看，教师同样是渴望人的尊严与个体价值充分实现的诉求者；最后，作为信息化社会中的一员，在教育教学过程中的主体性凸显与创新实践同样也是教师肩负的时代使命。

因此，当代社会人的转型，势必引发教育领域的深刻变革。从宏观到微观、从内容到手段、从观念到行动，各个层次的变革最终落实到了教育活动过程中的师生作为与表现。师生作为由教师实践主导，教师在教育教学过程中的“人性”展现如何，主体性、创造性发挥怎样，自然就成了人的转型能否顺利实现的关键因素。

第二节 “人性”展现：教师教学个性内涵的解读

前苏联学者波尔特诺夫认为，教师有权标新立异，有权创建自己的工作风格，选择这样那样的教学方法、活动形式、姿态、习惯。如果教师使用自己的独特的工作方法达到优良的成果，那谁也不应该给他设置障碍。当代国内教学法专家李如密在《教学风格论》中说：“教学是一项创造性极强的工作，教师的创造性在教学上的表现就在于带上鲜明的个人特色。”① 当今社会是一个提倡、崇尚个性的社会，作为社会大系统中的一部分，教育应顺应时代的潮流；而承担为社会培养合格公民任务的教育系统，更是个性孕育的温床。受教育者要个性化地成长，需要教师在教学过程中教得有个性。苏霍姆林斯基说：“一个无任何个性特色的教师，他培

① 李如密．教学风格论［M］．北京：人民教育出版社，2002：33.

养的学生也不会有任何特色。”①

一、教师教学个性概念的厘定

（一）个性

要厘定教师教学个性的概念，首先要弄清楚什么是个性。何谓个性，人们站在不同角度有不同的认识。作为教育学的两大基础学科——哲学与心理学都从各自的学科角度界定“个性”的概念。在哲学领域里，诸学者对个性概念认识的差异较大，如王夫之认为：“夫性者，生理也，日生则日成也。”这里所说的“性”也就是人的个性。而富尔曼诺夫则认为，个性就是每个单个的人具有的社会在他身上培养出来的特征和品质的总和。一般认为：“个性指一事物区别于其他事物的个别的、特殊的性质。它使事物具有各自的特点、共性和个性辩证的统一。各个事物内不但包含着个性，而且包含着共性，共性存在于个性之中，个性表现共性并丰富了共性。”② 可见，哲学意义上的个性主要从一般意义上强调了某事物不同于其他事物的差异性，以及共性与个性之共存、辩证关系。在心理学领域里，沛西·能认为：“个性是一件有关整个有机体或‘身一心’两方面的事情。”③ 苏霍姆林斯基也是从心理学的角度来阐述个性的概念：“人的个性，这是一种由体力、精神力量、思想、情感、意志、性格、情绪等因素组成的极复杂的合金。”在国内，很多学者比较认同我国第一部大型心理学词典界定个性的说法：“个性，也可称人格，是指一个人的整个精神面貌，即具有一定倾向性的心理特征的总和。”在教育学领域里，也有很多学者对个性的含义进行了探讨，如刘文霞博士则是这样解释个性的：“所谓人的个性，即是个体在一定的社会关系系统中形成的生理特征、心理特征和

① 杨德广．重视个性教育培养尖子人才［N］．中国教育报，1999－11－11（3）．
② 辞海（哲学分册）［M］．上海：上海辞书出版社，1980：77.
③ 沛西·能．教育原理［M］．王承绪，译．北京：人民教育出版社，1992：23.

社会特征以独特的方式有机结合而使个体具有的社会独特性。简言之，人的个性就是个例独特的社会性。”①

综上所述，我们可以这样阐释个性的内涵：个性就是指个体在社会实践中形成并在社会实践中表现出来的具有一定倾向性、独特性的社会特征。教师作为社会系统中的个体，同其他任何个体一样，其个性特征有好的一面和不好的一面。教师个性就是教师个体在社会生活中形成的并在社会生活中表现出来的独特的各种特征的总和。它包含了两方面的含义：一方面，教师是社会中的人，他与其他任何普通人一样具有独特的社会特征；另一方面，教师作为一种社会职业，在教育活动中，教师的个性转化成其教学个性。

（二）教师教学个性

教师教学个性的定义迄今（1980—2008年）没有一个固定的答案，这种状况是由研究者的不同研究视角所决定的。教师作为一种特殊的社会职业，因其本质为“人与人之间的交往”，首先个体的教师需要与其他社会工作者有不同之处：“教师的教学个性应该是教师适合其工作特点的个人品质的总和、是个性原型和教师职业的一种有效融合。”② 教师教学个性从某种程度上说是教师作为人的个性心理品质的一种反映，因此有人认为，“教师个性是其教学个性形成的心理基础，而教学个性的形成一定是教师个性及其他因素相互作用的结果”③ “教学个性既包括教师的需要、动机、兴趣爱好、理想信念和世界观等个性倾向性内容，也包括能力、气质和性格等个性心理特征”④。教师教学个性应展现教师个体教学的特色：“教师的教学个性就是教师通过对学生和教学内容的综合分析，创造性地设计教

---

① 刘文霞．个性教育论［M］．呼和浩特：内蒙古大学出版社，2001：33.

② 刘效东．教师教学个性浅析［J］．兰州教育学院学报（社会科学版），1997（1）：49－51.

③ 裴文敏，卢真金．试论教师的教学个性化［J］．教育研究与实验，1990（1）：20－24.

④ 张茜．论语文教师的教学个性［D］．长沙：湖南师范大学，2005.

学方案，为了达到最佳教学效果而在教学活动中逐渐形成的独特的较稳定的教学特色。”① 这种特色长期在某位教师身上出现，就会逐渐地形成教师的教学风格：“所谓教学个性是指教师在长期的教学探索中将教学规律和个性特点熔铸一炉，体现出独特和相对稳定的一种教学风格。”②

我们从教学个性已有研究资料的检索和分析中可概括出，人们基本上是从心理学和哲学层面上来理解教师教学个性的。心理学层面比较典型的定义有：“教学个性是教师个人的兴趣、爱好、才能、气质等因素与教学观点、教学方法、教学作风等在教学过程中相结合而形成的成熟、稳定的产物”③，“教学个性，就是指教师作为个体其个性通过与其他教学要素的相互作用在教学活动中的反映……教学个性是教师个性心理特征诸方面在教学过程中的综合反映”④。从哲学角度出发对教学个性做出的解释，它着重于教师教学行为的与众不同。“教学的个性是一个教师授课区别于他人的、非模仿性的风格。”⑤ “教学个性是教学活动与其他活动区别开来的特点”，“教学个性是不同层次、不同种类教学的特点”⑥ 等。当然也有学者把哲学和心理学融为一体，从两个方面来阐释对教师教学个性的理解。“课的个性是一个教师授课区别于他人的、非模仿性的风格。它是一种独创，是教师‘自我’在教学中的一种显示，具有个体性。其一，是教材的个性，根源于教师对教学内容深层次的领悟；其二，是教师的个性，根源于教师的立场、观点、方法，以及他的情趣、气质、性格。两者融为一体

① 李建忠，刘松年．教师个性及教学个性［J］．江西教育（管理版），2007（11）：28－29.

② 郑薇．论语文课的个性教学［J］．语文教学与研究，2007（10）：70－71.

③ 陈玉苹，伍金辉．个性教学的基本理论与实施依据［J］．零陵学院学报，2003（4）：177－179.

④ 刘彦文．论个性化教育［D］．长春：东北师范大学，1999.

⑤ 刘晓燕．在语文教学模式中如何体现教学个性［J］．广西教育，2007（7－8）：24.

⑥ 杨雪．培养个性——当代社会对教育的要求［J］．襄樊职业技术学院学报，2002（2）：31.

并不断升华，即构成教师的价值观念、认知结构、思维方式，形成课的个性。”①

从教师教学个性已有研究成果的分析中可以看出，以往人们基本上是从心理学和哲学两个层面来理解教师教学个性内涵的。心理学层面比较典型的有：“教学个性，就是指教师作为个体其个性通过与其他教学要素的相互作用在教学活动中的反映……教学个性是教师个性心理特征诸方面在教学过程中的综合反映。”② 从哲学角度入手对教学个性作出的解释，则着重强调教师教学行为的与众不同。如“教学的个性是一个教师授课区别于他人的、非模仿性的风格。”③ “教学个性是教学活动与其他活动区别开来的特点”，“教学个性是不同层次、不同种类教学的特点”④ 等。当然也有学者把哲学和心理学融为一体来阐释对教师教学个性的理解。“课的个性是一个教师授课区别于他人的、非模仿性的风格。它是一种独创，是教师‘自我’在教学中的一种显示，具有个体性。其一，是教材的个性，根源于教师对教学内容深层次的领悟；其二，是教师的个性，根源于教师的立场、观点、方法，以及他的情趣、气质、性格。两者融为一体并不断升华，即构成教师的价值观念、认知结构、思维方式，形成课的个性。”⑤

无论是心理学还是哲学的视角，对教师教学个性内涵的界定有一个共同之处：都是从教师作为职业人的角度入手，突出教师作为一门职业所应有的特性，关心教师如何形成自己的工作特色以便更好地履行社会职责，而甚少关心教师作为“个体人”的需求。事实上，在“以人为本”思想日益深入教育领域的当前，教师教学个性的内涵务必包括作为个体“人”的

---

① 吕渭源．教学模式·教学个性·教学艺术［J］．中国教育学刊，2000（2）：29－32.

② 刘彦文．论个性化教育［D］．长春：东北师范大学，1999.

③ 刘晓燕．在语文教学模式中如何体现教学个性［J］．广西教育，2007（7－8）：24.

④ 杨雪．培养个性——当代社会对教育的要求［J］．襄樊职业技术学院学报，2002（2）：31.

⑤ 同①。

教师的生存状态。因为对教师而言，教学活动不仅仅是一种职业，还是身处其中的一种生活方式。由此可知，对教师教学个性的内涵进行界定时，必须统筹哲学、心理学、社会学、人学、教育学的视角。“换句话说，教学个性不是简单的哲学视野下的‘与众不同’，也不只是心理学视域下的‘个体性格、情感的体现’，而应该是在兼顾二者的基础上，以凸显教师‘人性’为旨趣，以在教学中展现教师‘自我’为中心，把教师工作的‘社会性’与‘个体性’融为一体，把教师作为人的主体性、创造性、独特性与一般教学规律相结合，把个体情感、价值观和教学实践融合为一。”①

二、教师教学个性的构成

教师教学个性的构成是与研究视角及其定义息息相关的。把教师教学个性定义为教师个性心理品质在教学中的反映的观点认为：“如果将教师教学个性进行分解，那么其内部构成主要是以‘教师情感’‘自我意识’和‘气质倾向’为其核心的。”② 教师情感特征主要表现为不同的教师对教学的态度和对学生的态度的不同上；教师“自我意识”即指教师知道在什么样教育情境下怎样行动，怎样掌握自己的反应或行为的不同能力；教师“气质倾向”一方面体现在教学过程中思想及兴趣爱好的各异，另一方面体现在教学行为操作的不同上。而把教师教学个性定义为不可模仿的教学独特性的观点则认为：“教师的教学个性主要表现在以下六个方面：独特的教学观念；独特的教学行为；教学风格；教学中的人格魅力；教学专长；教学艺术……”③ 独特的教学观念是指教师在一定理念指导下对教学

① 黎平辉. 唤醒“自我”：论教师专业发展中的教师教学个性［J］. 全球教育展望，2010(2)：70－74.

② 刘效东. 教师教学个性浅析［J］. 兰州教育学院学报（社会科学版），1997（1）：49－51.

③ 刘茂祥. 浅论教师的教学个性［J］. 中小学教育与管理，2002（11）：17－18.

产生的独到而又正确的见解；独特的教学行为指教师在正确的教学理论指导下，遵守基本的教学行为准则，创造性地采用与众不同的教学方式以实现教学目标；教学风格指教师个体在长期的教学实践中形成的较稳定的、有别于他人的教师个性特点的综合表现；教学中的人格魅力是教师在教学中以自己在性格、气质、修养等方面极具鲜明的个性来潜移默化地感召他人；教学专长是指教师在教学中特别擅长的方面或特有的教学经验，是教师根据自己明显的个性心理倾向性，在教学中长期挖掘而成的某一方面的教学爱好、特长；教学艺术是指教师达到最佳教学效果的知识、方法、技巧和创造能力的综合反映，是教师运用教育学、哲学、社会学、心理学、美学、艺术以及语言艺术的体现。有人把教师教学个性简化为教学内容与教学过程两个方面："其一，是教材的个性，根源于教师对教学内容深层次的领悟；其二，是教师的个性，根源于教师的立场、观点、方法，以及他的情趣、气质、性格。两者融为一体并不断升华，即构成教师的价值观念、认知结构、思维方式，形成课的个性。"①

笔者认为，教师教学个性是教师"自我"在教学过程中的显现，具体包括了三个方面两个层次。第一层次分为教师对课程知识的个性解读与教师对教学方法的创新；第二层次指教师的角色扮演与个体生命实践的统一，即在教学过程中，教师的情感、态度、价值观等得到充分的体现。两个层次内在统一，其终极表现即教师个体生命实践在教学过程中的充分展开与"自我"生成。

三、教师教学个性与相关概念的关系

作为教育教学活动中教师的一种表现形态，教师教学个性与教学风格、教学艺术、个性化教学、教学个性化等概念有着千丝万缕的联系，在

① 吕渭源．教学模式·教学个性·教学艺术［J］．中国教育学刊，2000（2）：29－32.

教育理论研究与教学实践活动中，人们往往把几个概念混为一谈。事实上，尽管这几个概念在一定程度上有相似之处，但如果仔细深入剖析，它们之间的差异非常明显。为了能更好地把握教师教学个性内涵，我们有必要对与它相近的概念做出必要的界定与区分。

（一）教师教学个性与教学风格

风格本是心理学语词，指个体在长期的生活实践中逐渐形成的、具有个性差异的为人处世方式。“风格一词用于描述个体差异，是指个体在认知、学习、教学等方面具有的个性化的和一贯的方式。”① 风格具有个体差异性与稳定性特征，由此推之，教学风格即教师在教学活动中，由于长期教学实践而逐渐形成的、具有个体特征的、稳定的教学方式等。“教学风格是指在达到相同教学目的的前提下，教师根据自己的个性特点经常采用的教学方式。”② 在中外教育史上，对教学风格的关注较早，如赫尔巴特认为：“有些教师极重视准确与精细的分析，并让学生用同样的方式重复所讲述的东西。有些教师则宁愿用谈话的方式进行教学，并允许学生有许多表达的自由。还有一些教师首先要求学生了解主要思想，但希望他们确切地、按一定的关系去把握它们。最后还有些教师要等到学生能自觉地锻炼自己的逻辑思维时，才感到满意。”③

在教育研究中，一些研究者经常把教师教学个性与教学风格混为一谈，认为教学个性就是稳定或者独特的教学风格。事实上，教师教学个性与教学风格是既有联系，又有着客观差异的两个概念。

其一，两者都是反映教师课堂教学方式的相关概念，而且，两者都强调教师在教学活动中依据个体心理特性等选择与制订合适的教学方法。

---

① 贺雯．教师的教学风格及其发展研究［J］．外国中小学教育，2008（7）：18－21.

② MOSSTON M，ASHWORTH S. The Spectrum of Teaching Styles from Command to Discovery［M］. White Plains，NY：Longman，1990：327.

③ 赫尔巴特．普通教育学·教育学讲授纲要［M］．杭州：浙江教育出版社，2002：242.

"教学风格是教师在人格及教学等方面表现出来的一种个人化偏好和习惯化行为方式。"① 因此，教学风格的核心是教师人格、个性的体现，不同个性的教师，在教学活动中往往会选择或形成不同的风格。"教学个性是教师个性心理特征诸方面在教学过程中的综合反映。"② 总体上说，教师教学个性是相对工具性而言的，即突出作为人的"自我"在教学活动中的体现。

其二，两者都包含有教师在教学实践中对创造性的追求，都突出了教师作为人的主体性、能动性在教学方法选择与改造中的作用。"教师个人教学风格的独特之美，就像春天里的鲜花，每一朵都有自己的独特形状、色彩与味道，各有所长，不能互相取代……"③ "教师的教学个性就是教师通过对学生和教学内容的综合分析，创造性地设计教学方案，为了达到最佳教学效果而在教学活动中逐渐形成的独特的较稳定的教学特色。"④

其三，两者的差异在于：虽然都强调教师个性特征在教学活动中的体现，但教学风格更多地指教师已经成型了的、稳定的教学方式，它更倾向于从活动结果的层面来赋予概念的内涵。正如李如密所说："所谓教学风格是指教师在长期教学实践中逐渐形成的富有成效的一贯的教学观点、教学技巧和教学作风的独特结合和表现，是教学艺术个性化的稳定状态之标志。"⑤ 而教师教学个性既能以相对静态的独特教学方法方式来表现，更体现于教师永不停息的创新变革中，也就是说，教学个性不仅是一种外在的表现，还应是一种内在的意识；教学个性不仅是结果的体现，更是指教师

---

① 赵玉生，李宗远．教师教学风格特征分析［J］．江苏师范大学学报（教育科学版），2013（1）：29－31.

② 刘彦文．论个性化教育［D］．长春：东北师范大学，1999.

③ 李如密．教学风格：教学美的重要范畴［J］．中国教师，2009（1）：4－6.

④ 李建忠，刘松年．教师个性及教学个性［J］．江西教育（管理版），2007（11）：28－29.

⑤ 李如密．教学风格论［M］．北京：人民教育出版社，2002：27.

以人的主体性、能动性改造教学内容、方法的整个过程。

其四，虽然教学风格与教师教学个性都体现了教师个体教学实践的独特性，但教学风格主要从教育学、心理学视角对课程教学中的教师作为进行思考，更多地强调具体操作层面的教师教学行为。因此，中外研究者都对教学风格进行了一定的分类。如美国心理学家 Sternberg 对风格进行了多年的研究，提出了富有创意的认知风格理论——心理自我控制理论（1988，1990，1994a，1994b，1997），根据这一理论 Grigorenko 和 Sternberg 将教师的教学风格从认知风格这一维度加以划分，分为七种：立法型、执行型、评判型、整体型、局部型、激进型和保守型。而国内有研究者将教学风格分为启迪型、探索型、善导型、合作型、暗示型、表演型、感染型和综合型[①]；有研究者将教学风格分为情感型、知能型和混合型[②]；另有研究者将教学风格分为理智型和情感型、表演型和导演型、庄雅型和谐趣型、雄健型和秀婉型、韵味型和明畅型[③]。相对而言，教师教学个性更侧重于从哲学、社会学、人类学、心理学的角度思考教师在教育教学活动中的“人性”显现问题，它更倾向于站在教育哲学的高度来探讨宏观的教师专业发展与教学论问题。尤其在“以人为本”思想日益深入教育领域的今天，教师教学个性的内涵还应包括作为个体“人”的教师的生存状态。因此，教师教学个性可以从范围上分为教师对教学内容的个性解读、对教学方法的创造性运用等，但无法给其进行具体的类别区分。

其五，虽然教学风格与教师教学个性都包含有教师在教学活动中的创造追求，但实际上，教师教学风格的形成，既有教师个体在教学实践中长期摸索、创造，也有对其他教师教学风格的简单模仿与套用。只是对教师个体而言，随着教学年限的增长，个体简单模仿的程度越来越少，而基于

① 魏正书．教学艺术论［M］．沈阳：辽宁大学出版社，1991：244－259.
② 卢真金．教学艺术风格发微［J］．现代中小学教育，1991（2）：57－60.
③ 李如密．教学风格综合分类的理论探讨［J］．教育研究，1995（5）：66－71.

个人实际的创造性越来越强。教师教学个性的核心是“自我”在教学活动中的展现，它的本质就是教师个体在教学过程中的创新，因此，我们可以说青年教师模仿老教师的风格、照搬别人的教学方式方法，但不能说青年教师模仿他人的教学个性。

（二）教师教学个性与教学艺术

对教学艺术的内涵的理解，应从两方面入手。一是从学科的角度，把教学艺术看成是艺术中的一部分，其内涵体现在与教学科学的对比之中，即凸显对教学规律的客观性、普适性的质疑与超越，“它是非理性、非认知的方法，它不强调共性、普遍适应性、必然性，不主张为教学提供一般的相对稳定的规则和程序，即没有规范性；而主张‘教学有法，而无定法’，特别强调个性、特殊规定性、灵活性和创造性，为教学提供具体的可变通的策略”①。二是从教学活动的层面，把教学艺术当成是特定的教学主体、教学内容与教学方法的一种理想化融合，“教学艺术所需要的也不是别的，只不过是要把时间、科目和方法巧妙地加以安排而已”②。在具体的教学活动中，教师根据一定的情境，利用一切可以利用的教学资源，对教学方法进行富有创造性的灵活应用，以期完成既定的教学目标。因此，“教学艺术就是教师娴熟地运用综合的技能技巧，按照美的规律和原则进行的独特的创造性教学实践活动”③。尽管在20世纪中叶西方有过教学是科学还是艺术的本质之争，随着时间推移，这种学科层面的探讨被实践层面的分析所取代，人们更乐于把教学艺术看成是教学活动实施过程中的方法运用问题。

作为教学活动实施中的两个问题，教学艺术与教师教学个性都涉及了

---

① 李方，姜丽静．论教学艺术的本质特征［J］．华南师范大学学报（社会科学版），2001（2）：89－112.

② 夸美纽斯．大教学论［M］．傅任敢，译．北京：人民教育出版社，1984：78.

③ 李如密．教学艺术论［M］．济南：山东教育出版社，1995：84.

教学方法的具体运用，都与教师在教学实践中的主观作为紧密相关，因此，两者有着难以区分的共同之处。首先，两者都体现了教师在教学活动中的创造性，“在某种意义上，教学本身无所谓本质，即是说，教学是一种人工制品，是一种创造性的行为，这种创造必须寓教师的意图于其中，并经由教师的鉴赏想象等才能得以实现”①。教学艺术的核心是教师对已有教学技能技巧的创造性运用，而教师教学个性的精髓也包含了教师在运用他人方法时基于个人实际的改造与创新。其次，两者都强调教学活动实施中的情感性，“情感性是艺术的血液，任何艺术无论反映客观世界还是反映人的主观世界，都离不开对人的情感、价值和命运的关怀，没有情感的艺术是苍白无力的……”②。作为艺术中的一种，教学艺术的形成过程融入了教师对教学活动的主观认识、态度与感悟，教学艺术的定型深受教师个体的教育信念、教学观与价值观的影响。教师教学个性的核心即教师“自我”在教学过程中的展现，它突出教师作为具体人的情感、态度与价值观等在知识解读、教学方法改造中发挥的作用，它是教师生命实践的展开，是教师“人性”的充分体现。最后，与以上两个方面相呼应，两者都反映了教学实践的教师个体性。“教学的科学性更多是反映着教学中一些有着普遍性的共性问题，而教学艺术则是具体的并有着明显因人而异的个性特征。”③ 无论是对教学技能技巧的个体应用与创新，还是教学活动中的个人情感发挥，都使得教学艺术具有强烈的教师个人色彩，是教师个性的积极反映。而教师教学个性本来就以教师个性心理为基础，是教师个体生命实践与专业教学过程的合一。

---

① DOUG BOUGHTON, ELLIOT W, EISNER, JOHAN LIGTVOET. Evaluating and Assessing the Visual Arts in Education [M]. NewYork: Teachers College Press, 1996: 78.

② 李方，姜丽静．论教学艺术的本质特征［J］．华南师范大学学报（社会科学版），2001（2）：89－93，112.

③ 谢利民．现代课堂教学艺术的特点［J］．上海师范大学学报（基础教育版），2006（2）：40－43.

尽管教学艺术与教师教学个性有不少相同的地方，但绝不能把两者混为一谈。其一，两者的出发点不同，教学艺术是相对于教学科学而言的，它的关切点其实就是有关教学本质的问题；而教师教学个性针对教师教学共性而发，它探讨的是教师与教学活动的关系问题。其二，两者的重心不同，教学艺术关注的是教学活动如何实施，或者说教学活动展开的具体形式；而教师教学个性的终极目的是教师在教学活动中的存在方式，关注的是教师专业发展的具体途径问题。其三，两者的理论基础不一样，教学艺术强调审美创造，艺术学与美学理论是它的重要理论支撑；而教师教学个性突出教师“自我”的显现，因此，人学、社会学是它的主要理论来源。其四，两者的性质不同，教学艺术侧重于教师教学活动的一种结果，“教学艺术的实质，是教师本人独特的创造力和审美价值定向在教学领域中的结晶”①。而教师教学个性侧重的是教师在整个教育教学活动中的存在状态，它既反映结果，更反映教育教学活动的展开过程。

（三）教师教学个性与个性化教学

作为教学有关的两个概念，教师教学个性与个性化教学也是既有共同之处，又存在客观的差异。

首先，两者的共同之处在于：两者都以人本主义思想为理论支撑，都体现了在教学实践中对人的主体地位与权利的尊重，都指向了学生的人性发挥与生命成长。教师教学个性的实质就是教师“人性”在教学活动中的凸显，它的最终旨趣意在用教师的人性熏陶、激发学生的人性。而“个性化教学以‘珍惜群体中的每一个人’为基本出发点，旨在创设最有利于每个学生得到最好发展的环境，充分尊重和发挥学生的学习主动性和积极性，灵活运用多种方式以适应学生学习的个别差异，达到学生个性和谐发

① 吴也显．教学论新编［M］．北京：教育科学出版社，1991：466.

展和个人全面发展的目标”①。

其次，两者的差异主要体现为几个方面。第一，两者在目的上的侧重点不同，教师教学个性主要是相对于教师工具化、教学模式化而言的，它侧重的是通过让教师的“人性”回归，开掘教学活动中的生活意蕴，从而促进学生独立人格培养与创造力的提升。个性化教学虽然也“是指教师以个性化的教为手段，满足学生个性化的学，并促进个体人格健康发展的教学活动”②。但是，它侧重的是按照学生个体的不同，在教学实践中真正实现因材施教，它是时代发展对教育公平需求的一种体现，是教育公平的最高形态。“人们对教学公平的追求必然走向个性化教学，个性化教学中又蕴含着教学公平，是实现教学公平的重要价值意义之所在。”③ 第二，两者的理论基础不尽相同，除了共有的人本主义思想，教师教学个性的理论支撑还有存在主义哲学、现象学教育学、诠释学等，而个性化教学的最主要理论支撑是多元智能理论。第三，两者的内涵不同，教师教学个性的内涵可以分为两个层次三个方面，即教师对教学内容的个性解读、教师对教学方法的创新、教师个体生命实践与教学活动融合等；而个性化教学的内涵可以从目的、过程与手段三个方面概括，“从目的上说，就是教学要培养独特的、独立的个体和身心和谐、统一的个体；从过程上说，教学必须尊重个性发展的时间特征，服从个体身心变化发展的规律；从手段上说，教学要针对不同的个体采取个别化的教学方式、策略和技术”④。第四，两者的性质不同，教师教学个性主要归属于课程与教学哲学范畴，它侧重于思想的启迪与引领，在教学实践的各个方面凸显教师“自我”；而个性化教

---

① 熊梅，王艳玲，艾庆华．个性化教学设计与实施策略［J］．课程·教材·教法，2011（8）：18－23.

② 李如密，刘玉静．个性化教学的内涵及其特征［J］．教育理论与实践，2001（9）：37－40.

③ 邹鹏飞．论个性化教学与教学公平［J］．中国校外教育，2007（2）：96.

④ 鲍明丽．个性化教学的课堂特征与实践途径［J］．现代中小学教育，2013（4）：16－18.

学既有哲学层面的宏观性，也有操作层面的具体性，教师可以在“教学实践中，着眼于学生的学习差异，构建了个性化教学五种主要的教学模式：集体指导补充模式、学习进度模式、学习起点模式、学习顺序模式、课题选择模式……”①。

（四）教师教学个性与教学个性化

从字面上看，教学个性化是与教师教学个性最容易混为一谈的专业术语。事实上，一些研究者经常把两者等同，认为教学个性化就是教师在教学过程中的个性展现。“教学个性化是指在课堂教学中，教师凭借良好的教学素质，充分发挥教学个性，创造性地设计和拟订教学方案，实施个性化教学，最大限度地展示教师个人的教学能力、教学情感、教学方法、教学风格和教学语言的过程。”②“教学个性化是教师个人在教学实践活动中逐渐形成的具有个人（个性）特色性的教学能力，是教师个人气质、性格在教学活动中的反映和表现。”③

然而，与教师教学个性不同的是，教学个性化是一个内涵很广的术语。个性化的本意就是与众不同，通俗地讲就是具体问题具体分析。教学活动涉及的因素很多，只要是从某些因素甚至某个因素出发，有针对性地采用各种方式方法，都可以称得上是教学个性化。首先，教学内容（如学科与学科之间）存在客观差异，因此，相对于数学教学注重逻辑思维而言，语文教学应考虑本学科的特点，多利用感性思维，从而在教学过程中实现学科教学的个性化；其次，教学对象（学生与学生之间）存在客观差异，要真正做到因材施教，唯一的途径就是根据学生差异而采取的教学个性化。除此之外，教学条件（如硬件设施）不一样、教学环境（风俗习惯

---

① 王庭波，刘艳平．个性化教学模式的实践探索［J］．课程·教材·教法，2011（8）：24－29.

② 李军霞．论教师教学个性化［J］．中国成人教育，2012（9）：113－114.

③ 郭恒泰．试论教学个性化［J］．上海教育科研，2000（2）：47.

不同）不一样都可能形成教学活动的个性化。因此，除了教师在教学过程中体现个人特色的意思外，教学个性化还应包含学生学习的个性化、学科教学的个性化等。“课堂教学个性化，既指教师在教学过程中体现丰富的教学个性，创造多样的教学情境，灵活运用教学方法，使课堂教学生动、具有特色，又指学生在教师个性化教学的引导下，发展各自的优势和特长，不拘泥于统一、规范化的要求。”①

从以上分析可知，教学个性化可以细化为因教学内容、教学对象、教学主体、教学条件等差异而产生的各式各样的教学活动特色；教师教学个性虽然以促进学生个性化成长为价值取向，但在内涵上主要以教师在教学活动中的主观作为为切入点，可以说，狭义上的教师教学个性，可以理解为教学个性化的一个方面。

（五）教师教学个性与教学机智

作为两个与教学有关的专业术语，虽然教师教学个性与教学机智的出发点不同（前者相对教学共性或教学模式化而言，后者则指区别于死板、笨拙的教学状态），但两者仍然有不少相似之处。一是创造性。教学机智是教育者个人智慧在教学过程中的即时呈现，它强调教育者在具体的教学环节中，能做出异于常规的举动，是“教育者在一定教学情境中，瞬间做出的具有教育意义的创造性行动”②。而教师教学个性的核心即是教师在教学过程中根据个人已有的知识背景与人生经验对教学内容、教学方法进行改造，从而使教学过程带有个体生命实践的特色，并显示出与众不同。二是学生本性。这是由教学的本质所决定的，一切都为了学生更好地成长乃是任何教学理念与行为的最基本价值取向。世界著名现象学教育学家范梅南说：“机智保留了孩子的空间、机智保护那些脆弱的东西、机智防止伤

① 杨骞，溪海燕．课堂教学个性化刍议［J］．中小学教师培训，2007（5）：40.

② 王卫华．论教学机智的内涵［J］．湖南师范大学教育科学学报，2009（6）：77－81.

害、机智将破碎的东西变成整体、机智使更好的品质得到巩固和加强、机智加强孩子的独特之处、机智促进孩子的学习和个性成长。”① 真正的教学机智必须指向受教育者的健康成长，而不是为了教育者的一己之私或其他。同样，教师教学个性的发挥，教师对知识的个性解读与方法改造，其出发点乃是用个性孕育个性，用创新激发创新，其目的也是为了更好地培育学生的创造力，并最终培养创新人才。三是情境性。机智是情境的产物，是个体智慧与具体情境相遇的结果。“机智的行动是一种对情境的即刻投入，在情境中我必须全身心地对出乎意料的和无法预测的情境做出反应。”② 在不同的教学情境中采取不同的行动，这就是教学机智的本意。教学始终是在一定的情境下展开的，对知识解读与教学方法改造不能仅凭主观臆测，而是教师个体的生命实践在具体场域中的敞开，是教师独特的人生观、价值观等在不同情境中的体现。总之，教学机智是教师教学个性凸显的一种可见方式，而只有时刻具备创新意识与创造能力，只有让教师以人的身份全身心投入教学过程，或者说只有让教师的个体生命实践在教学场域中完全敞开，教学机智的生成才有可能。

尽管两者有着不少相同的特征，但教师教学个性与教学机智之间，仍有很大差异。首先，两者的层面不同。教师教学个性既指教学过程中教师的个性化行为，还包括了教师个体独特的教育教学理念等；而教学机智强调的是教师处理教学问题的一种实践能力，“从某种意义上说，机智与其说是一种知识的形式，还不如说是一种行动，它是全身心投入的敏感的实践”③。如果说教师教学个性是一个教学哲学命题的话，那么，教学机智则

---

① 马克斯·范梅南．教学机智——教育智慧的意蕴［M］．李树英，译．北京：教育科学出版社，2001：211－223.

② 马克斯·范梅南．教学机智——教育智慧的意蕴［M］．李树英，译．北京：教育科学出版社，2001：162.

③ 马克斯·范梅南．教学机智——教育智慧的意蕴［M］．李树英，译．北京：教育科学出版社，2001：168.

更应该是一个教学实践话题。其次，由于教学机智是一种实践智慧，具有不稳定性和偶然性，往往像是教师的灵光一现，“一位教师今天表现出了某种教学机智，很难预测他明天就一定会有教学机智，教学机智并不会因为是同一个人而表现出某种必然的稳定性，它也不是一种一旦掌握就可以长久使用的技术”①。教师教学个性的根源在于教师的人性意识与创新思维，意识与思维是持久的，稳定的，所以一个追求教学个性的教师，只要努力坚持，可以时时在自己的教学工作中呈现出与众不同的地方。最后，教学机智的不稳定性源于其对具体情境的依赖，“教学机智是面对惊异时，做出契合情境的即兴创作”②。可以说，没有了教学中的突发事件，就不存在教师的临场智慧。因此，教学机智是存在于个别场域中的，是教师当下的、不可能深思熟虑的教学行动；虽然教师教学个性也强调教师在具体情境中的随机应变，但是，这种带有个人色彩的应变行为可以是教师长期的教学经验积淀，也可以是教师思考已久的创新结果，从某种程度上看，它是可以事前预知并做出一定准备的。

第三节　生成与创造：教师教学个性内涵的理论基础

以“自我”展现为核心的教师教学个性的新内涵，有着深厚的理论基础。它以人本主义思想为根基，涵盖作为“人”的教师的主体性和能动性，正视教师的需求，鼓励教师自由创造；它以哲学的后现代转向为基调，肯定知识的多变性、情境性，凸显教师个体在知识诠释中的作用，重视教师个体在特定教学活动中所形成的方法技能；它以实践教育学为指导，把教学过程融入教师个人生命实践之中，寻找存在于个体生活中的富

① 王卫华．教学机智论［D］．武汉：华中师范大学，2009.

② 钟启泉，刘徽．教学机智新论——兼谈课堂教学的转型［J］．教育研究，2008（9）：49.

有个性的教育意义。

一、存在主义哲学之自由与责任理论的启示

存在主义哲学思想是典型的西方人本主义思潮之一。它关注人的自由、选择、负责的精神状态，极力弘扬人的主体性和创新性，主张“复归自己”，认为人的存在就是一个不断超越和不断完善的过程。每个人的生活历程，都是追求自我创造的过程，是个体主体性展现并做到自我负责的过程。

“存在先于本质”是存在主义哲学第一原理。存在主义宣称，人有主观性，人是先存在着的，然后才试图给自己和生活于此的身边世界下定义。人的本质是人通过选择而创造的，人既能超越他自己，也能超越生养他的环境与文化，存在的中心是人，不是真理、原则、法律或本质，人应该在不断创造中逐渐建构自己的本质。因此，自由选择是存在主义者很重要的行动原则。“懦夫是自己造成懦弱，英雄是自己造成英雄。懦夫常有可能变成不再是懦弱。英雄常有可能不再是英雄。”① 存在主义所强调的自由选择并不是毫无顾忌的“我行我素”，个体在行使自由权利时必须考虑选择所产生的结果，人必须对自己的主观性和自由选择负责。

存在主义视野中的教育活动是个体存在的一种方式，教师和学生都是有主体性的人。按照马丁·布贝尔的观点，教师与学生之间的关系应是“我与你”的关系，而不是“我与它”的关系。在作为独立个体的共同存在中，师生双方应该相互真诚地赏识和肯定对方。这就要求突出师生平等的独立人格，使双方既可以自由选择又相互负责。在教育过程中，学生无须模仿教师的行为或按教师的要求亦步亦趋，而应该保证学生对教育内容的主体选择和教育过程中的创造。而从教师的角度看，教学活动是教师个

① 刘放桐，等. 现代西方哲学 [M]. 北京：人民出版社，1990：275.

体存在的过程，是作为“主体人”个性展开的过程，是追求独特性、创造性的过程。教师除了尊重学生的主观性，还要维护自己的主观性。教师既不能顺从于校长或教育行政部门的要求，也不应该屈服于外在的压力。总之，教师处于一种创造者和激励者的地位，他要按照自己的意志创造性地工作，他无权迫使学生接受，也无须因为上级或领导的指示而循规蹈矩。

二、人本主义心理学之需要层次理论的践行

马斯洛的需要层次理论认为：人是一种不断产生新的需求的动物，一个欲望满足后，另一个会迅速出现并取代它的位置。人的需要可分为两大类：基本需要和心理需要。基本需要包括生理需要、安全需要、归属与爱的需要、尊重需要；心理需要包括认知、美的欣赏和自我实现的需要。从生理需要到自我实现的需要，人的需要是一个逐渐提高层次的过程。

在学校组织中，马斯洛的需要层次与教师相对应的需要可分为：第一，生理需要：薪水、住宅、身体保健（医疗条件）、工作环境、工作时间、居住条件；第二，安全需要：职位的保障、聘用保证、养老保险、健康保险、意外事故的发生、意外保险等制度；第三，感情需要：良好的人际关系、团体的接纳、团体活动、娱乐制度、教育与组织的制度；第四，尊重需要：名利、权力、工作决策的自由度、人事考核制度、职称评聘制度、等级制度、表彰制度、选拔进修制度；第五，自我实现的需要：能发展个人个性特长的组织环境、决策参与制度、能发挥创造力和具有挑战性的工作。随着我国经济的发展，国家、社会对教育越来越重视，教师收入水平也会越来越高，因此，教师的生理、安全和保障等的基本需要会逐渐得到满足。随之而来，教师开始在意工作环境的自由氛围，开始看重个人才能的施展空间以及自我在工作中决策权力的被赋予，开始关注用自己的方式去完成自己的事业并享受在工作中由自我实现而带来的愉悦和成就感。

三、诠释学理论的迁移

从一定程度上说，诠释学是关于意义的学说，对文本意义的解释是诠释学的主旨，而探求文本意义的生成和理解是诠释学的使命。在诠释学中，文本有三层意义：其一，作者想要表达的个体意义，即作者赋予作品的意义；其二，客观意义，即文本问世后自身所具有的实际意义。文本问世后，作者所表达的意义便因为被文本的语言所物化而趋向客观，这一客观意义也是读者对文本进行解读的依据；其三，读者理解的主观意义，是读者在阅读中生成的意义。因此，诠释学学者认为，理解是一种意义的创生。“一切理解的目的都在于取得对事情的一致性”①，“而不是说使自己置身于他人的思想之中并设身处地地领会他人的体验”②。因此，不同理解者必然对同一文本赋予不同意义，理解是人的生命独特性的体现。理解不是弄清作者的原意，而是在与文本的对话中，生成带有主观性的新意义。

在诠释学看来，教材是师生之间借以展开对话的文本。教材中作者或历史的视界随着教材的确定而固定下来，然而师生所具有的共同视界却是随对话的主题、理解的深度而不断转换和扩大的。“教材即文本，意味着教材只是教学对话的辅助手段，意味着师生有权力对教材进行重新诠释。教材中的内容不再被认为必须是板着面孔、不可冒犯的真理和定则，而是引起师生反思与探究的‘话题’；师生的教学活动不是为了记住这些内容，而是以此为中介进行对话，共同获得发展。”③

---

① 加达默尔．真理与方法：哲学诠释学的基本特征（上卷）［M］．洪汉鼎，译．上海：上海译文出版社，1999：374.

② 洪汉鼎．诠释学——它的历史和当代发展［M］．北京：人民出版社，2001：216.

③ 靳玉乐．中国基础教育新课程的创新与教育观念转变［J］．西南师范大学学报（哲学社会科学版），2002（1）：48－51.

四、后现代知识观的启迪

如果说现代知识观强调知识是外在世界的客观反映，是封闭的、稳定的，可以从外部加以研究的意义系统，而后现代主义知识观则认为，知识是动态的、开放的，它存在于人的内在思想体系中，知识既不是对认识对象的“镜式”反映，也不是对事物本质的“发现”和“揭示”，它是由人的认识能力、兴趣与利益所选择和建构的结果。所有的知识都带有猜测性，都是我们对于某些问题所做的一时回答，都需要在往后的认识活动中不断加以修正，这就意味着，根本不存在所谓的“终极的解释”的知识。同时，在后现代主义看来，知识存在于具体情境之中，是主观与客观或个体与外界互动、相融的结果。“离开了这种特定的情境，既不存在任何的知识，也不存在任何的认识主体和认识行为。”① 这样一来，主观与客观、个人与外界、生活世界与科学世界的二元对立被消解，知识与客观实在不再是完全对应的关系，而是表现出多元化、不确定性以及动态生成性等特点。现有知识是人们在过去经验的影响下被创造出来和被理解的，所以，知识不可能真正“价值无涉”，所有的知识都只是人们在某一阶段的“认识的成果”，它需要得到不断地检验，在将来得到不断地发展与更新，因此知识的价值不在于给人现成的东西，而在于给人不断创造的“起点”。

后现代知识观告诉我们，教师不仅要掌握普适性的教育教学规律，而且要重视形成个人的教育教学实践性知识。个人实践性知识不是放之四海而皆准的真理，它们是具体教育教学情境的产物，是特定教育者和受教育者在一定教学环境下所形成的针对具体问题的方法策略，因而带有鲜明的个人色彩。在教育教学过程中，教师不能一味地借用他人的“良方良策”，而应该根据个人情况，在自身的教学实践中不断探索，通过反思和行动研

① 石中英．知识转型与教育改革［M］．北京：教育科学出版社，2001：181.

究逐渐形成具有个体特色的教育教学技能、方法体系。

五、现象学教育学理论的应用

作为一种新的教育思想，现象学教育学主张“由过去探究普适性的教育规律变化为寻求情景化的教育意义”①。它研究被直接体验到的生活世界，研究目的是为了获得对我们日常生活体验的本质或意义的深刻理解，为我们提供一种从人文视角探索教育的新方法。它彰显个性，强调情境中的个人智慧行动，试图用“人”的教育情怀消除由高度理性带来的对教育的抽象理解。情境、体验、智慧、教育机智是它的常用词汇，而教育意向、对儿童的关怀则是它建构理论的根基。“教育的情境是我们每天教育活动、教育实践的场所。”② 在现象学教育学看来，教学情境是客观存在的，有教育教学就有情境。而且，这种客观性的情境往往是充满变化，让人无法预测的。著名现象学教育学家范梅南说：“教学就是‘即席创作’。”③ 这种创作就是“在每一个情境中都要求有所行动”④。情境中的行动是即刻的投入，是一种瞬间的反应。它来不及反思，具有极大的偶然性，它必须借助“瞬间知道该怎么做的一种与他人相处的临场智慧和才艺”，这种智慧和才艺就是教学机智。凭借机智，教师才有可能将一个个无法预料的细节纳入完整的课堂，使课堂在焕发活力和生机的同时尽显动态生成的本质。

现象学教育学把教育教学看成是教师与学生的人生实践，而不是简单

---

① 钟启泉，张华．在东西方对话中寻求教育意义——世界课程与教学新理论文库寄语［A］．北京：教育科学出版社，1999：1.

② 马克斯·范梅南．教学机智——教育智慧的意蕴［M］．李树英，译．北京：教育科学出版社，2001：54.

③ 马克斯·范梅南．教学机智——教育智慧的意蕴［M］．李树英，译．北京：教育科学出版社，2001：208.

④ 同②。

的认识活动。教师的教学并不是置身于生活之外去冷静地观察、分析和认识，而是直接以人生实践的方式参与到教育教学生活之中去。教育教学活动作为一种人生实践，其根本目的不是去把握传授业已存在的客观知识，而是要真实地践行教师自己的人生体验和感悟。教师通过切身体验所把握到哲理、意蕴和知识，并不是异己的客观存在物，而是教师所领悟到人生价值和意义。“教学不是输入、处理、而后再输出的技术过程。”① 作为实践活动的教学，不仅需要理论的指导，更需要教师真实的个体生命体验，需要教师把个人的情感、态度、世界观、人生观、价值观与教学内容融合统一。“只有当教师的存在以一种个人的方式体现在课程当中时，只有当他或她能够让大家看到这门课程与他或她的个人生活之间存在着一种活生生的关系时，课堂气氛才能从死板的权威或约束转变为生气勃勃、充满活力。”②

第四节　成长与发展：教师教学个性的实践意义

教学活动是一种规范性较强的工作，它的顺利开展离不开教学规律的指导，而它的目标的实现则需要相关规章制度的保证。同时，教学是一种人与人之间的交往活动，作为人的灵活性、自主性、独一无二性反映在教育教学中就表现为师生个性的张扬。因此，就像探寻教育教学的普适规律一样，对教师教学个性的研究具有现实的必要性。在教育教学实践中对教师教学个性的尊崇，在课堂中彰显教师个体的独特性，并不是简单地对教师行为的放任，更不是课堂教学活动的恣意妄为。教师教学个性发挥的最

---

① 马克斯·范梅南．教学机智——教育智慧的意蕴［M］．李树英，译．北京：教育科学出版社，2001：140.

② 马克斯·范梅南．教学机智——教育智慧的意蕴［M］．李树英，译．北京：教育科学出版社，2001：262.

终意义在于激发课堂的活力，挖掘课堂中的美，促进学生的个性成长；教师作为个体人在教学活动中的敞开，旨在提升教师的生存质量，为教师的专业发展注入新的力量。

一、促进学生的个性成长

学生的创新能力培养以及个性的良好发展需要教师在教学活动中发挥个性："要培养有创新精神和创新能力的学生。就要允许、鼓励和张扬学生的个性；要张扬学生的个性，就要张扬教师的教学个性……"① 随着人本主义教育思想的兴起，培养人的创造力，激发学生潜能，在尊重差异的前提下促使学生个性化的成长已成了当今教育的首要目标。创造力的培养离不开充满活力、动态生成的课堂，因此，照本宣科、按部就班的传统教学过程必须得到根本的改观，这就要求教师从教学内容到教学方法等各个方面去除传统静态的课堂观。

首先，教师拓展、活用课程资源是对学生多样性、能动性的尊重。教师认识到教学内容与学生生活、社会环境的联系，把学生的个人知识、直接经验作为重要的课程资源，把社区生活、社会事件作为重要的课程资源，把历史发展、未来趋势作为重要的课程资源。只有这样，教师才能够开放视野，缩短书本中普适性、静态的教学内容与学生个体生活的距离，把抽象的教学知识蕴含在生动具体的教学情境中，才能够帮助学生实现间接经验与直接经验的有机统一，才能实现学生个性化的知识建构。活用课程资源就是对教材知识的再开发、再创造，是教师把学科教材中的知识转变为自己知识的途径。教师在备课、对学科教材知识的分析过程中，通过自己的独立思考、探索、研究等一系列教学的创造性活动，将学科教材的知识激活起来，再依据教师自身的认识特点和风格，对学科教材知识进行

---

① 魏积荣．弘扬教学个性　搞好创新教育［J］．教育实践与研究，2003（3）：7－8.

教学重组和整合，形成具有教师个性教学特征的知识。只有让知识“教师个人化”，才能剥去普适知识的“神圣性”和过度权威性，才能使教师放下架子，真心聆听学生的见解，从而在师生的“对话合作”中保证学生的多样性、能动性获得必要的尊重。其次，充满变化的教学过程能促进学生的主体性的发挥。在课堂教学的过程中，教师如果固执于教学设计，“忠实”地按照教案的计划来安排教学活动，就会忽略学生参与，使课堂呈现出僵化的局面；而重视课堂生成，关注学生的所想、所感、所惑，是打破这一僵局的有效方式。重视教学生成，就是在教学过程中不生搬硬套、“上纲上线”，而是允许学生发出不同的声音，根据学生的认识水平来调整教学，把学生的困惑转化为教育的时机，并加以利用。这样的课堂多变、流畅，而不会牵强、刻板。重视生成会使课堂教学呈现一种预约的精彩。

同时，学生的个性化成长不仅仅局限于知识的建构和能力的培养，还应包括个体人独特的性格、情感、人生观、价值观等方面的熏陶和养成。俄国教育家乌申斯基认为：“在教学中，一切都应当以教育者的个性为基础，只有个性才能影响个性的发展与定型，只有性格才能培养性格。”教师对学生的影响是潜移默化而又不容忽视的，快乐的教师才能让学生快乐地学习，个性鲜明的教师才可能发展学生多样的个性。在课堂教学中，教师从一个传递知识的无生命“导体”或“中介”转化为一个鲜活的、具有丰富情感的“生命体”，张扬自己的个性，不人云亦云，大胆地展现自己的个性情感，这样，才能使学生从被一个个被动接受知识的同一“容器”蜕变成千姿百态的生命主体，这样的课堂才会真正实现师生的对话，才允许学生多样性的存在，才会充满生机和活力。

二、引领教师的专业发展

教师的专业发展需要课堂教学中释放教师的教学个性：“教育者存在

个性差异，教育活动也需要有个性的教育者，专业成长就是教学个性的成长。”① 所谓教师专业发展，从个体角度看，是指“通过系统的努力来改变教师的专业实践、信念以及对学校和学生的理解”②，它“强调教师个体知识、技能的获得以及教师生命质量的成长”③。从群体的角度看是指教师这个职业群体符合专业标准的程度，即职业专业化过程。从 20 世纪中叶起，教师专业发展就一直是世界教育领域中的热点话题。经过多年的理论探讨与实践努力，教师专业发展目标从当初的具备相关学科专业知识到拥有从教所必需的教育教学技能，再到今天的教育机智与实践智慧的养成，逐渐的丰富完善。这一过程中，教师个体从一般职业者上升为专业职业者，从客体的“工具人”转变为主体的“生活人”。

随着后现代主义的兴起，教师专业发展理论正在完成“后现代转向”。④ 教师专业发展一改先前的普适知识、利他自律、被动外烁的方式，个体知识、关怀情意、自主发展正日益成为高频词汇，“自主专业发展”“自我专业发展”“专业自我”“自我更新教师”等已经成为时下教师专业发展研究中的核心命题。“发展越来越被看成是一种唤醒的过程，一个激发社会大多数成员创造力的过程，一个释放社会大多数成员个体作用的过程，而不是被看成是一个由计划者和学者从外部来解决问题的过程……因此教师发展的本质是发展的自主性，是教师作为主体自觉、主动、能动、可持续的建构过程。”⑤ 自主专业发展是教师专业发展的新内涵，“教师自

---

① 余国富．教师在专业成长中不能丢了自己的个性［J］．西北成人教育学报，2008（4）：79－80.

② GRIFFIN G. Staff Development：Eighty－Second Yearbook of the National Society for the Study of Education［M］. Chicago：The University of Chicago Press，1983：2.

③ 于泽元．教师专业发展视野中的高师课程改革［J］．高等教育研究，2004（3）：55－60.

④ 姜勇．论教师专业发展的后现代化转向［J］．比较教育研究，2005（11）：52－55.

⑤ BULLOUTH R V，KAUCHAK D P，CROW N，et al. Professional Development Schools：Catalysts for Teacher and School Change［J］. Teaching and Teacher Education，1997，1（32）：153－169.

我专业发展的核心因素是自主意识和自主能力"[1]，在课堂教学过程中发挥教师的主观能动性，尊重他们的主观追求和创造意识，使教师在完成社会赋予的任务的同时获得自我的个性化发展，这已成为当前教育的应然追求。总之，教师专业发展不仅是社会的公共要求，更是教师个体生命价值不断体现的途径，它的目标不仅在于让教师更好地完成外在的工作，更在于使其成为真正的"自我"。

三、开掘课堂教学美

如果说教学中蕴含着丰富的教学美，那么生成性与创造性是这种美的最大特征。与预设性课堂教学相比，生成性教学更具有美的意蕴产生的可能。原因在于，教学美不仅由多方面的原因和契机促成，而且在教学主体的交互过程中处于永恒的变化和不断的创造之中。教学美是一种流淌在教学中习而不察的过程之美，也是一种伴随在教学中无法预约的意外之美，更是一种渗透在教学中即兴创作的创新之美和个性之美。

从审美的角度看，审美即是创造美，审美既是对教学美的发现，也是教学主体的创造。审美也不完全同于创造美，创造美不仅在于美的发现和体验，也在于符合美的理念的教学的属性和功能的出现。创造美不仅需要主体的理解，不仅表现为精神的活动，而且还包括了技术层面的创造。我们不仅要有发现美的眼睛，同时也需要创造美的技术。美的教学是审美和创造的统一主导状态下的教学，是不同层面的教学理念在教学中的开显。

对于某一教师而言，美主导状态下的课堂，是在真和善的主导下个性的生动体现。教师会调动其全部的热情力量和经验参与到课堂中去，成为课堂教学的主导力量。由于个体经验和思想观念的不同，不同个性的教师

---

① 宋宏福，方成智．论教师自我专业发展的有效途径［J］．湖南师范大学教育科学学报，2003（6）：69－72.

在美的理念下所实现的教学美是有差异的，是有层次的。在教学内容美的发掘、教师个人魅力的展现、教师沟通技术、教师对学生的理解和把握和教师道德水平的体现等方面，美的课堂丰富多样，在不同的层面，不同水平上显现教学美。

总计，教学活动是一种艺术，作为艺术的美的展现离不开教师教学个性的发挥："教学具有美的属性，但有的教师却未能在自己的课堂上展现教学美……诸如此类的课，非但不美，教学效果也是极差的，其原因在教师方面，那就是缺乏自己的教学个性。"① 要发掘教学本身的美，使教学活动焕发被掩藏的魅力，需要教师永不停息的创新，需要教师个体生命实践与课堂教学过程的合一。

综上所述，以"自我"展现为核心的教师教学个性新内涵，是在以往相关研究基础之上的丰富与完善。它与时俱进，有着坚实的理论支撑；它针对问题，面向实践，关注教育教学中两大主体——教师与学生的个性发展和成长。总之，教师教学个性新内涵以鲜明的人文关怀和浓厚的生命意识，彰显主体与个性，对当前素质教育目标的实现以及新课程改革的深入拓展都有着不可忽视的现实意义。

第五节　案例解读与现状调查：教师教学个性的研究缘起

一、三位教师的故事

（一）W老师的"法宝"

W老师三十多岁，从湖南省内一所师范院校中文系毕业，已在湖南L

---

① 陈向阳，陈丽萍．倡导教学个性　展现课堂教学美［J］．基础教育研究，1994（4）：5－7.

市M中学担任语文教师多年。W老师是那种开朗大方、精力充沛的人，喜欢和人聊天争论，得理不饶人处总是锋芒毕露。W老师的频频“得理”与自身实力是分不开的，他喜欢阅读文学作品，关注新闻时事，对社会问题爱发表个人的见解，在大学时就是颇有名气的才子。

笔者去L市M中学调研时，恰逢学校在举行公开课竞赛活动，而W老师正是语文组的骨干力量。因为笔者大学本科学的是汉语言文学专业，毕业后在中学担任语文教师多年，所以对W老师非常感兴趣。在W老师的办公室，笔者受到了他的热情接待。大概是有共同的专业背景，大家交流非常顺利。W老师说，本来自己不想再参加这种比赛了，但学校领导强调他是语文骨干，必须露一手。笔者很好奇，就问W老师准备上什么内容。“就上《从百草园到三味书屋》”，W老师很爽快地回答。一听是这篇课文，笔者更来兴趣了：当年刚进中学工作时，学校规定每个新进老师必须上一堂公开课，笔者就选择了《从百草园到三味书屋》这一篇课文，但在备课时为了一个问题纠缠了很久，课文从整体上分为“百草园”与“三味书屋”两大块，但这两者之间究竟是什么关系呢？是用“百草园”的乐趣反衬“三味书屋”的枯燥无味，通过对比对封建教育进行批判？还是把两者作为一个按时间顺序连在一起的整体，以此反映儿童的天真心理？

于是笔者就把自己当年的困惑说了出来，W老师听了，不慌不忙地从摆在书桌上的书堆里抽出几本书，笔者一看，全是教学参考书。W老师说，遇到这样的问题，最好的办法就是去教参里找答案。笔者有些不解：如果教参里的解释和一些文学作品解读不相符时，又该听谁的呢？W老师肯定地说，当然是听教参的。见笔者有些疑惑，W老师讲了一个他自己的故事。

那事发生在W老师工作不久之时。一次，学校又组织老师听W老师的公开课，W老师选择了《鲁提辖拳打镇关西》一课。这篇课文选自名著《水浒》，W老师看过许多与《水浒》相关的文学评论作品，对其中的人物形象颇有些自己的看法。因此，在概括鲁智深这个人物形象时，W 老师提出了一个问题：鲁智深是值得我们学习的英雄吗？学生们纷纷说是，鲁智深三拳打死恶霸镇关西，让人大快人心。W 老师趁机提出了自己的见解：鲁智深疾恶如仇，但镇关西是不是罪该致死？鲁智深在暴打镇关西之前，有没有想过其他解决办法？学生们一时无语，W 老师总结说，无论是在什么样的社会环境里，解决纠纷的首要选择是拿起法律的武器，而不是以恶抗恶，而鲁智深却总是凭意气用事，有时甚至蛮狠、无端生事逞英雄，大闹五台山就是鲜明的事例。因此，在倡导法治的今天，鲁智深这样的英雄并不是我们学习的榜样。

W 老师说，课后一到评课的学校会议室，听课领导和老师就急不可耐地议论开了：怎么能这么解读鲁智深这个形象呢？这样解读符合教学大纲的规定吗？与教学参考书上的说法相符吗？这样解读会不会误导学生？在考试时他们该怎么回答？一连串的质疑使自我感觉良好的 W 老师无言以对，从此，在课上他不再“妄发”个人看法，而是一心一意地从教参中寻求问题的答案。

W 老师的故事令笔者唏嘘不已。笔者注意到，他书桌上那一堆书，基本上都是有关语文的教学参考书：《中学语文教材解读》《中学语文教学参考》《三点一练》《中学语文备课大全》《精讲精练》……笔者问道，这么多参考书，备课时怎么取舍？W 老师神秘一笑，把桌上的语文课本递了过来。打开一看，每篇课文的字里行间，到处都是密密麻麻的钢笔字，W 老师很得意地告诉笔者，在教新课文之前，他先浏览教参，然后综合各种课文解释，把最简练的观点记在课本的相关位置，上课时就既能脱离教案（H 中学规定教师上课时不能翻看教案），又不会有“讲错知识”的后顾之忧。见笔者有些不以为然，W 老师以过来人的口吻说，很多刚走上教学岗位的老师都有发表个人见解的欲望，过段时间他们就会明白，我这种方法是最实际、最有效的上课方式……

（二）L 老师的“遭遇”

L 老师是贵州丹寨县 Y 镇 Y 中学的英语老师。L 老师毕业于贵州师范大学，是正宗的英语科班出身，专业基础扎实，口语很纯正。和 L 老师的交流，缘于我校继续教育学院承担的、由香港郭氏基金资助的丹寨县教育崛起工程项目，笔者作为项目成员之一，几次深入丹寨县七个乡镇的中小学进行调研。在去 Y 中学时，他们的校长简单介绍了全校师资，当听说 L 老师是湖南人，笔者有了想进一步了解这位不一般的年轻英语教师的冲动。

在 L 老师那间狭小的办公室里，我们以老乡的身份开始了聊天。我聊到了自己初中学英语的情景：一上英语课，不是默写单词，就是用语法造句，成天不停地背，不停地写……感觉老师就是先天在课上讲解新的单词和语法，熟读课文；第二天早自习记诵和抄写单词，背诵课文；然后在当天上课时听写单词，检查掌握语法的情况，再讲解新的单词和语法……就这样讲了再抄、再背，抄了、背了再写，写了再讲，老师和学生就在这一个不断循环的流程中有条不紊地各司其职，而学生学习英语的兴趣也就在永无休止的循环中一点点消失。L 老师听了我的倾诉，欲言又止。她的举止更加激起了我的好奇，我想年轻教师应该不会再用老一套方法了……

不知聊了多久，突然，一个瘦瘦的女生急匆匆地撞了进来：“老师，× ×不肯留下背单词，跑了……”L 老师显然吃了一惊，正欲起身，见我坐在一旁，又迅速恢复了原来的表情：“你先去教室，我过会儿就来。”见我一脸的迷茫，L 老师无奈地笑笑：“有几个学生的单词老是不过关，我就要求他们放学后留在教室，默写完后再回家……”我自然明白了 L 老师想要表达的意思，但对年轻老师采用老套的、让学生反感的巩固单词方式确实有些不解，忍不住问道：“强留学生在教室背单词，估计学生的反应很强烈吧，你是不是可以考虑换一种方法……”L 老师沉思片刻，“我何尝不想换一些新的方法呢……”说话间那种委屈感流露无遗。

原来，L老师刚来学校工作时，学生们非常喜欢她的课，她热情大方，有亲切感，在课堂上教学生英文歌曲，把课本内容编成话剧让学生主演，经常带学生做记单词的游戏……后来新进老师上公开课，L老师的课堂气氛好、学生非常活跃，各种能调动学生积极性的方法贯穿于课堂始终。课后，年轻老师们都对L老师羡慕不已，“原来英语课也可以不枯燥……”“她居然能想出那么多的办法……”但老教师们却不以为然，甚至有一个老教师直言不讳：“她这种上课方法，如果能让学生真正学到知识，那就是奇迹……”开始，L老师对外界褒贬过半的评价不置可否，觉得只要学生喜欢，别人说什么都无所谓。

不过，一个月结束时，L老师的心态发生了改变，在Y镇中心学校组织的教师工作常规检查中，L老师被“逮住”了。按照Y镇中心学校的规定，每隔一个月，中心学校要组织人员检查全镇教师的教学工作，检查的内容一般是教案的誊写、作业的布置以及查阅情况等。这种检查是针对所有教师的，但对新来的教师尤其严格。L老师在检查中终于“露了馅”，检查人员先是拿着她的教案本“开刀”：上课不听写单词，学生会去记吗？L老师忙陈述自己的理由：采用课堂演话剧的方式，可以在学生的对话中掌握所学的单词，而且学生会更有兴趣。检查人员有些不悦：兴趣？单凭兴趣，学生就会自觉地去学吗？老师不采取监督措施，不拿出手段，那要你这个老师做什么？见检查人员不高兴，L老师继续为自己辩护：措施当然是采取了的，主要是通过一些游戏和竞赛……没等L老师说完，检查人员已经按捺不住了：游戏？那些语法、知识点能通过游戏来落实吗？布置了作业没有？把学生的作业拿来！L老师已经没有先前的底气了，但没办法，只得收了几个作业本送了过去。检查人员翻开一个作业本，极仔细地一页一页地数着：一、二、三、四、五、六……一个月就做了十二次作业，你都在干些什么？主任怒不可遏了，你知道英语课多久布置一次作业吗？L老师嗫嚅道：有些东西在课堂上就已经掌握了，所以不想再增加学生的负担……我不想听你的理由，我只知道上一节课就要布置一次作业，这是规矩，检查人员差点咆哮了，我会把你的情况通报你们校长，由他具体处理！

L老师是含着眼泪回到自己办公室的。不久，校长就找她谈了话，校长“语重心长”地说：年轻人没经验，犯点错误没关系，但一定要吸取教训；年轻人应该谦虚，要多向校内的老教师学习，向他们看齐；怎么上课，怎么抓好学生的学习，这些要多听从老教师们的意见，这样才能少走弯路……”此后，老师们就经常看到L老师在早自习课上忙碌的身影：把学生分成小组，每个小组的成员轮流到组长那里背诵，而小组长再由L老师来检查过关，每当教室里的声音弱下去时，L老师就走进教室来回巡逻，而早上没有完成任务的学生，下午放学后就留下来，直到背完为止……

（三）K老师的“心声”

K老师曾经是贵阳市W区很有名的小学数学教师，今年45岁，18岁参加工作，在教学岗位上已待了二十多年。和K老师的交流缘于K老师所在的W小学与笔者所在单位毗邻，而且W小学作为笔者所在高校师范生的签约实习单位，在工作业务上交往较多。因为笔者所带的学生就在K老师班上实习，所以最初有关她的故事是从学生那儿听来的。

据说K老师一度是W区中小学教师中的“神话”，中师毕业后参加工作，凭借个人的天赋与努力，年纪轻轻就脱颖而出，成了W区中小学教师的楷模。在W老师最辉煌的时期，其所教班级的数学成绩曾连续7年获得全区第一，非凡业绩让领导、家长刮目相看，在社会上产生了巨大影响。

后来，笔者去实习学校了解学生的实习情况，和K老师有了第一次的正式会面。K老师中等微胖身材，说话干净利落，给人的第一印象就是果断、有魄力。那天，K老师的班上刚刚搞了一次数学测验，我的实习学生正在K老师办公室帮忙阅卷。K老师见到我打招呼后，就问阅卷的实习老师有关数学测验的结果。K老师拿着一叠试卷，翻了几下，脸色顿时变了：

“你们看看，班上居然有两个人打零分。”两个实习老师看到鲜红的“0”也有些不自然，一看姓名，知道是班上两个基础最差的同学。于是她们安慰K老师：这两个学生以前的基础太差，一时跟不上班也是正常的，这也不是很严重的事情。没想到K老师却急了：还不严重？都快期中考试了，到时肯定会拖后腿……

期中考试的成绩是实习老师们告诉我的，班上的各科成绩都不是很好，考得最好的是数学，及格率、优秀率在平行班级中排名靠前。但这个结果显然不是K老师所期待的，在实习老师面前，她一个劲地叹息：“唉！没办法，这样的班级真的没办法！”见她自怨自艾，实习老师免不了又得为她“开导”：“这成绩已经不错了，您应该高兴才是……”“高兴？干了半学期没丝毫收获，叫我怎么高兴得起来？”K老师依然“愤愤不平”。

然而，K老师的“不高兴”才刚刚开始，据笔者所指导的实习学生反映，随着新知识的不断增加，班上的数学成绩不但没有起色，相反在随后几次测验中越来越糟糕。面对这种境况，实习老师都很清醒，她们做了不少分析，最终发现主要原因就一个：一部分学生以前的基础太差，开学时数学知识较简单，他们还能勉强跟上，到了后边，随着几何知识的加入，知识难度增大，知识量增多，于是又有一些人渐渐地落下去了……可惜的是K老师没有去思考过学生的基础差异问题。每次测试后，她总是闷闷不乐的叹息：“没办法，一世英名被这个班级毁了……”而另一方面，班上不少学生在实习老师面前抱怨K老师上课太严肃、呆板，不近人情。有一次，天气比较热，偏偏K老师在黑板上论证一道几何题时遇到了点麻烦，一个成绩好的男生见老师汗流满面，就在下边提议：老师先擦擦汗，休息一会儿再做吧！结果讲台上的K老师不但没有领会到学生的好意，相反勃然变色，大骂学生“发神经”！那学生从没受过这样的委屈，一下课就找实习老师倾诉。实习老师们对K老师的“变态”行为有些不解，好不容易平息学生的情绪后，就去找她了解情况。看到实习老师，K老师又急不可耐地诉苦了："没劲！在这个班上课太没劲了！"实习老师趁机"进言"："其实在这个班上课挺有趣味的，只是您应该和他们交朋友，把学生当朋友交流不仅能体会到乐趣，而且能感受到人与人之间的关心……""体会乐趣？要不是去完成教学任务，对得起口袋里领的钱，我还真不想进那个教室呢！"K老师的"心声"一时让实习老师们哑口无言……

二、三位教师的故事解读

发生在三位老师身上的故事告诉我们，当前我国中小学的教学实践并不让人乐观，一些教师成了"戴着脚镣的舞者"。

（一）教学知识"教参化"痕迹明显

在今天的中小学课堂上，有很多像W老师一样的教育工作者，他们总在有意或无意中习惯于如何尽可能地根据教材要求组织教学，他们关注的中心是如何去教，即如何落实教材的各项知识点。为了实现这一目标，教师们千方百计引导学生分析理解教材，将教材的各知识点整理归纳为知识树，最终帮助学生掌握知识树上的所有知识点。因此，课堂教学中的知识性质就被教师限定为所谓的"客观知识"。这些知识是普遍的、外在于人具有普适性的"真理"，教师的任务是按照它的本来意义去传递。为了获得知识的"普适图解"和"本来之义"，教师们在照搬教材的同时，又把教学参考书当成了对教材知识的唯一"公共阐释"。结果，在教材至上、唯"教参"马首是瞻的同时，教师对课堂知识的个人理解找不到容身之地，而教师的知识话语权就不知不觉中被消解得无影无踪。

（二）教学过程"复写化"表现突出

L老师的故事说明，当前中小学教学中存在教学过程"复写化"的现象。从横的方面说，大城市学校的教学方式常常不加选择的被农村教师套用；而一些"名师"的教学模式更是成了跨越地域的"普遍原理"；公开课、示范课活动的进行如火如荼，但火热的后面是教学过程方式的照搬照用。从纵的方面看，年轻的、没经验的教师刚走上讲台不久，就在长年累月地模仿有经验的老教师，在课上得越来越从容、得心应手的同时，年轻的L老师“水到渠成”成为了另一个“经验丰富”的“老教师”。就这样，“方式方法”超越了“个体性”“情境性”的“局限”，被传给了一代又一代更年轻的“后来者”，一定的教学过程也就在教学实践中不断“复写”。

（三）教学生活“忘我化”成为常态

时下的教学生活中难以找到教师的“我性”，不少教师尚停留在把教学当作一种谋生手段的境界。为了完成国家、社会所赋予的任务，教师们每天在备课—上课—作业批改中按部就班，每一个环节都只是教学任务的一部分。在课堂上出席的是一个没有个人情感，没有个人喜恶的社会工作者，对“K老师们”而言，教学活动是一种“忘我”化的工作方式，它是一类人的生存状态，而不是带有个人色彩的生活。这种“工作方式”需要的是对国家、社会的恪尽职守，是“红烛”“园丁”“春蚕”精神的发扬，于是教师被“圣化”“匠化”。这种“忘我”化的结果没有让教师活得更精彩，相反，在日复一日、年复一年的“忘我”工作中，不少血气方刚、激情澎湃的年轻人逐渐地成了死气沉沉、了无活力与激情的教书匠。

三、中小学教师教学个性现状的调查分析

为了能充分了解当前中小学教师教学个性的现状，笔者曾借课题研究的需求，自编了“中小学教师教学个性现状与对策的调查问卷（教师版）”，选取湖南、贵州、江苏等有代表性的东、中、西部地区中小学进行了一定范围的问卷调查，共发出问卷1400份，收回有效问卷1260份（如下表所示）。

问卷被试情况

性别	男	512（人）
	女	748（人）
年龄	21～30岁	480（人）
	31～40岁	462（人）
	41～50岁	250（人）
	51～60岁	68（人）
教龄	1～5年	368（人）
	6～10年	294（人）
	11～15年	242（人）
	16～20年	184（人）
	20年以上	172（人）
学历情况	本科以上	13（人）
	本科	398（人）
	专科	588（人）
	专科以下	261（人）
职称	高级	81（人）
	中级	422（人）
	初级	553（人）
	初级以下	204（人）
工作单位	小学	559（人）
	初中	432（人）
	高中	269（人）
所在地区	城市	572（人）
	乡镇	688（人）
教师类型	代课教师	62（人）
	正式教师	1198（人）

续 表

任教科目	语文	398（人）
	数学	286（人）
	英语	226（人）
	物理	103（人）
	化学	89（人）
	政治	52（人）
	历史	50（人）
	地理	38（人）
	生物	18（人）

从以上统计数字中可以看出，被试教师的男女性别基本平衡，总体上女教师比男教师多，这也客观地反映了当前当前我国中小学教师中女多男少的现状；在年龄结构方面，40 岁以下者达 942 人，说明此次问卷调查的对象大多为中青年骨干教师，而他们也正是中小学教学的中坚力量；在学历层次方面，本科、专科及以上学历加在一起有 999 人，这说明中小学教师的学历层次正在提高，也反映了当前中小学教师学历的客观情况；在职称方面，初级以上共有 1056 人，占了填写职称者的绝大多数，这一情况较好地对应了教师的年龄结构；在工作单位方面，小学稍多，初中其次、高中较少，总体上三者的分布合理；在工作地区方面，乡镇多于城市，但城市教师的比例也比较高；在教师类型方面，绝大多数为正式教师，代课教师只占了小部分，这也如实地反映中小学的实际状况；在所教科目方面，语文、数学、英语三大主科的比例最大，这一数字与今天我国中小学教师的任教科目分布情况出入不大。总之，本次问卷调查的抽样是合理科学的，所得调查结果具有代表性，能如实反映当前我国中小学教师教学个性发挥的现状。

同时，在问卷设计上，本研究采用了纵向与横向相结合的方式，以教师教学个性现状、影响教师教学个性的因素、生成教师教学个性的措施作为问卷的纵向线索；把教师教学个性的内涵解释为对教材知识的态度、对教学方法的创新、对教学生活的体验三个方面，并作为问卷的横向线索。通过使用数据统计软件 SPSS17.0，初步归纳出中小学教师教学个性的现状。

（一）中小学教师教学个性发挥的总体状况

通过表一可以看出，认为当前我国中小学教师教学个性发挥明显的占了被调查人数的 13.3%，认为较明显的占了 28.6%，认为一般的占了 51.4%，认为不理想的占了 6.7%。由此可知，尽管选择不理想的人只占了 6.7%，但超过一半的人认为教师教学个性发挥一般，这说明当前我国中小学教师教学个性的现状从整体上看并不乐观。

表一　　您认为在现实工作中，教师的教学个性发挥（　）（单选）

	选项	选择人数（人）	百分比（%）	有效百分比（%）
有效	A. 不理想	84	6.7	6.7
	B. 一般	648	51.4	51.4
	C. 较明显	360	28.6	28.6
	D. 明显	168	13.3	13.3
合计		1260	100.0	100.0

（二）中小学教师教学个性发挥现状的具体分析

中小学教师教学个性现状涉及三个方面：教师对教材知识的态度、教师对教学方法的创新意识、教师对教学生活的体验方式，根据对问卷结果的统计，具体情况如下。

1. 教师对教材知识的态度分析

从表二中可以看到，面对朝夕相处的教材与课本，有将近一半的人认为它是课堂教学的知识依据，有 36.8% 的人认为它是课堂教学的知识参考，有 4.4% 的人认为它是本学科的知识权威，有 12.5% 的人认为它是国家要求的知识载体。尽管选择前两个答案的人达到了 83.1%，但还是说明在目前的中小学教师中，有一部分人对教材知识视若神明。同时，对前两个答案所占的百分比进行对比发现，认为教材是教学知识依据的人比认为教材是教学知识参考的人要多出近 10 个百分点，这说明不少人对待教材知识的态度还是很谨慎的，保守的倾向非常明显。

表二　　您认为教材（　）（单选）

	选项	选择人数（人）	百分比（%）	有效百分比（%）
有效	A. 是课堂教学的知识依据	584	46.3	46.3
	B. 是课堂教学的知识参考	464	36.8	36.8
	C. 是本学科的知识权威	56	4.4	4.4
	D. 是国家要求的知识载体	156	12.5	12.5
合计		1260	100.0	100.0

这种保守倾向在表三中也得到了证明，当遇到知识点有不同的解释时，以教材和教学参考书为准的人占了 30.2%，这说明一部分中小学教师

表三　在教学过程中，当某个知识点有不同的解释或看法时，您会（　）（单选）

	选项	选择人数（人）	百分比（%）	有效百分比（%）
有效	A. 以教材上的解释为准	220	17.5	17.5
	B. 以教学参考书上的解释为准	160	12.7	12.7
	C. 以个人的理解为准	56	4.4	4.4
	D. 与同事商量	824	65.4	65.4
合计		1260	100.0	100.0

对教材与教学参考书的依赖性比较强烈；与同事商量的人占了65.4%，这说明大多数教师不绝对相信教材与参考书，但也不敢过于相信自己的判断。

2. 教师对教学方法的运用分析

根据表四的统计，目前中小学教师在上课前的备课中，有24.8%的人会去搜集各种教参上的教案，有2.9%的人会去模仿老教师的套路，而根据自身情况去设计教案的人占了72.3%，这说明绝大多数中小学教师在运用教学方法方面有了自己的主见，但也有相当一部分教师主要依靠别人的东西。

表四　　在备课时，您喜欢（　）（单选）

	选项	选择人数（人）	百分比（%）	有效百分比（%）
有效	A. 搜集各种教参上的教案	312	24.8	24.8
	B. 模仿老教师的套路	36	2.9	2.9
	C. 尽量根据自己的情况设计教案	912	72.3	72.3
合计		1260	100.0	100.0

备课是在课前进行，它具有更多的预设性、计划性，准备的时间也较充分。相对而言，教学过程尽管是在教案的指导下进行，但教学过程由无数的教学行为组成，具有更多的生成性、情境性，它不允许教师有太多的时间停下来思考，因此，教师在教学行为中的表现更能体现其对教学方法的创新程度。而根据表五的统计，目前中小学教师在教学过程中遇到有难度的问题时，4.4%的人会用已有的经验解决，1.0%的人会直接放弃，28.3%的人选择借鉴别人的经验，66.3%的人会去尝试新的解决方法，这说明，尽管仍然是大多数人坚持教学方法的创新，但与备课时根据自己的情况设计教案相比，还是少了6个百分比，即在教学过程中倾向于不创新的人更多一些。

表五　　在教学活动中遇到难题时，您会（　）（单选）

	选项	选择人数（人）	百分比（%）	有效百分比（%）
有效	A. 用已有的经验解决	56	4.4	4.4
	B. 尝试新的解决方法	836	66.3	66.3
	C. 借鉴别人的经验	356	28.3	28.3
	D. 选择放弃	12	1.0	1.0
合计		1260	100.0	100.0

3. 教师对教学生活的体验方式分析

教师对教学生活的认知与体验由两方面组成，即教师对个体在教学活动中的角色认知、教师对教学活动本质的个人体验。通过表六可以看出，44%的人认为在教学活动中教师是创造自我的生活者，这说明有相当数量的中小学教师对自己在教学活动中所扮演的角色的认识是全面的，他们能积极地评价自己在教学活动中所发挥的作用与功能，即教学不仅仅是一种由外界规范的工具性活动，更是在不断实现自我、创造自我的生活方式。同时，42.2%的人认为自己在教学过程中只是一个教书育人的教育者，这部分教师的人数也不少，他们工作态度积极，能清醒地意识到自身所肩负的社会责任，这些教师也就是人们心目中的传统教师形象：燃烧自己，照亮别人。与前一部分教师相比，这部分教师虽然能强烈感知自己的社会角色，但他们却显然忽视了个体自我在教学活动中的显现。还有13.8%的人把自己当成完成教学任务的工作者，在这部分教师眼里，教师从事教学活动只是在按照社会要求履行应尽的义务，这个过程对教师而言是一种不得已的行为，根本和个体的自我发展无关。

与教师对个体角色的认识相呼应，中小学教师对教学活动的体验方面也呈现出一些新特征。如表七所示，83.2%的人认为教学活动是教学生活的一部分，这一数字说明尽管前面有42.2%的人只把自己当成纯粹的教书育人者，但他们从个体的整体生活出发，把教学活动纳入了生活之中。但仍有12.0%的人把教学活动仅当成一种工作，而在4.8%的人的眼里，教学活动则成了过好个人生活的一种工具和手段。无论是工作还是手段，都是把教学活动的性质定位为由国家、社会规范的一种与个体生活无关的任务，任务的完成，只需要教师发挥作为社会成员的工具性功能，而无须作为人的个性、情感等主体因素的参与。

表六　　在教学工作中，您感觉自己（　）（单选）

	选项	选择人数（人）	百分比（%）	有效百分比（%）
有效	A. 只是完成任务的教学工作者	174	13.8	13.8
	B. 只是一个教书育人的教育者	532	42.2	42.2
	C. 是在创造自己的生活者	554	44	44
合计		1260	100.0	100.0

表七　　您认为教学活动（　）（单选）

	选项	选择人数（人）	百分比（%）	有效百分比（%）
有效	A. 只是一种工作	152	12.0	12.0
	B. 只是谋生的手段	60	4.8	4.8
	C. 是教师生活中的一部分	1048	83.2	83.2
合计		1260	100.0	100.0

第二章 学校教育功能演变与教师角色中的人性开掘

社会发展促成了当下中国人的双重转型，而个体的人格独立与“人”性彰显，期待学校教育从过于强调驯化、筛选与文化传承功能，转变为对唤醒、养成个体与促成有意义的生活功能的重视。教学是学校教育的中心环节，学校教育功能演变促使教学理念的革新：在对话中唤醒学生的能动性、通过体验实现学生感性世界的开掘、通过表现促使教学活动中生活意蕴的绽放。作为教学活动的主体，教学理念革新需要教师“自我”的回归与生成，需要对教师角色中的人性进行开掘。

第一节 人的存在与教育功能发挥

一、教育功能内涵及影响因素

（一）功能与教育功能

“‘功能’一词源于社会学，它泛指某一社会构成对社会系统的维持和发展所产生的客观后果，是功能归属事项对功能所助益单位所产生的可观察到的客观后果。”① 所谓功能，即事物因其内在特性而表现出来的一种效

① 罗伯特·金·默顿．论理论社会学［M］．何凡兴，等，译．北京：华夏出版社，1990：138.

能，从字面意思看，功指事物影响其他事物的客观结果，而能则指某事物对其他事物的影响大小，因此，简单地说，功能即事物能做什么，能给其他事物带来什么影响。“功能就是系统内部要素之间及系统与外部之间相互联系和作用的能力。教育功能就是教育系统内部各要素之间及教育系统与外部之间相互联系和作用的能力。”① 教育是一种培养人的社会活动，通过培养人，教育能给政治、经济、文化等各方面带来深刻影响，同时，在培养人的过程中，教育凭借其内在要素，给相关主体带来外在的影响，也就是说，如果要给教育功能分类的话，除了从促进社会发展与促进个体发展的不同分为外在功能与内在功能，还可以从过程与结果的角度分为过程功能与结果性功能，结果性功能主要通过教育产品——所培养的人作用于社会而显现，过程性功能则贯穿于教育活动始终，其载体不仅包括学生，也不可避免地涵盖了教师。“从作用对象上分，有育人功能与社会功能；从作用层次上分，有基本功能（如人的社会化与个性化）与派生功能（如社会流动与变迁）；从作用的方向和表现形式上分，有正向功能与负向功能，显性功能与隐性功能；从作用的性质上分，期望功能与实效功能，自我更新功能；从作用时间上分，则可划分为传统导向功能与未来导向功能。”②

（二）教育功能发挥的影响因素

尽管教育功能是蕴藏于教育活动中的客观影响，但正如前文分析的那样，教育功能是中性的，同时，根据其所影响的对象，又可以分为很多类别。一个时代的教育，在实践中究竟能发挥哪些功能，客观上受到相关因素的制约。“教育具有什么功能，并不一定就完全转化为现实，教育功能能否正常发挥，能否全部发挥，不但取决于教育系统自我运行的机制，还

---

① 蒋士会．教育功能及其演进［J］．广西师范大学学报（哲学社会科学版），2003（2）：99－104.

② 郑金洲．教育功能研究十七年［J］．高等教育研究，1995（6）：16－22.

取决于它所处的环境、条件以及其他因素。”[①] “由此可以看出，教育的任何一种功能都具有社会性和历史性，两者均表明了教育功能具有较强的客观性。”[②] 从宏观上看，教育功能的发挥受制于教育目的与教育价值观，而从微观上看，教育功能的发挥受制于教学组织形式、教学方法与师生关系等。无论是宏观还是微观，教育活动都离不开三大要素——教育者、受教育者、教育中介，任何教育活动都必须由三大要素组合才能完成。由此推之，教育要素本身及其相互关系的不同，都会产生不一样的教育活动，从而影响教育功能的发挥。具体而言，教育者的素质、能力会直接影响教育功能发挥程度，从而影响教育活动目标的达成。受教育者是教育活动的对象，是教育功能发挥的直接反映，对象不一样，同样的功能发挥程度就会不同。教育中介的范围较广，包括了教育场所、教育内容、教育方法等，场所不佳，环境不好，教育活动对学生的影响就会打折扣；教育内容是否符合学生的接受水平，是否能被学生理解，也自然会有不同的影响；至于教学方法、教学过程，本来就是教育活动的具体化，自然是教育功能发挥程度的重要因素。此外，教育要素之间的关系状态也是教育功能发挥程度的影响因素，师生关系、师生与教育内容的关系等，都可能让教育活动所产生的预期效能受到制约。

二、人的存在状态与教育功能发挥

（一）人（学生）的存在决定教育功能发挥的内容及途径

人的存在即作为主体的生存状态，如果再具体拆分，人的存在至少涉及两个问题：人凭什么生存？人怎样生存？事实上，作为人学、社会学关

① 蒋士会．教育功能及其演进［J］．广西师范大学学报（哲学社会科学版），2003（2）：99－104.

② 周润智．教育功能结构探析——兼论人的提升与发展［J］．教育研究，2001（6）：12－16.

注的两大问题，其实是合而为一的。人赖以生存的依据决定了其生存的方式，因此，马克思把人的存在分为三大阶段："人的依赖关系起初完全是自然发生的，是最初的社会形式，在这种形式下人的生产能力只是在狭小的范围内和孤立的地点上发展着。以物的依赖性为基础的人的独立性是第二大形式，在这种形式下，才形成普遍的社会物质交换、全面的关系、多方面的需要以及全面的能力的体系。建立在个人全面发展和他们共同的、社会生产能力成为从属于他们的社会财富这一基础上的自由个性，是第三阶段。"① 在第一阶段，整个人类处于发展初期，社会生产力低下，个人生产效率低，个体生存能力差，为了求得生存，人不得不借助群体的力量，以群体为单位与自然做斗争。随着科学技术的进步以及生产力的突破发展，人类社会进入以机器生产为标志的时期，人的存在状态进入了第二阶段。在这个阶段中，人凭借掌握的科学技术大规模生产产品，一方面，商品交易、分工生产模式使人置身于人—物交易的循环中；另一方面，个体借助先进的技术摆脱了对群体的依赖，在生产生活中有了一定的独立性和自由性。但是，由于工业社会本身的局限导致个体的片面发展，其实质等于把人从对群体力量的依赖转为对外在物质力量的依赖，人的存在仍然是具有很大的被动性。只有到了第三阶段，即社会产品极大丰富、生产力发展到了一定程度，人有了越来越多的可支配时间，有了越来越多的个体发展空间，这时，人的存在状态才是自由、自主的。

教育功能指教育活动对相关的人或事的影响。这种影响是客观存在的，但是，因为教育功能的发挥必须借助人这个中介，所以，人的存在状态就直接决定了教育活动影响的内容及方式、性质等。

---

① 马克思，恩格斯．马克思恩格斯全集：第30卷［M］．北京：人民出版社，1995：107－108.

1. 人的存在依据决定教育功能发挥的内容

教育活动能产生什么影响与人的存在状态紧密相连，人凭什么生存决定了教育功能的具体内容。在人类产生初期，生产能力低下，为了能在与大自然的斗争中求得生存空间，人类必须紧密团结，依靠群体力量来弥补个体能力的不足，这种状况一直持续到农业社会的崩溃瓦解。而群体的维持，需要一定的伦理规范与礼仪德性，必须让群体中的个体时刻以集体利益为核心，必要时甚至得牺牲个体。这种客观生存需求反映到教育活动中，使教育活动背负了教化民众、促成个体社会化的重任，规训自然成了教育活动的重要功能。

同时，由于人类早期对自然了解缺乏，人类每增加一份对自然斗争的经验，都要付出漫长的探索时间为代价。因此，把人类已有的经验顺利传给下一代，以使后代能够增强生存的资本，是人类社会能否长远存在与进步的关键。正是在这种目的的驱使下，人类产生了教育，而教育活动在完成知识经验的代际传承中，自然就发挥了文化传承的重要功能。而随着人类社会的不断进步，人类组成的群体日益复杂化，生产力的提高，需要个体去承担各种各样的任务，即所谓的社会分工，这种分工首先是群体生存的需要，个体只能无条件接受，究竟让谁去做哪件事，谁成为管理者，谁又成为生产者？最终只能靠教育来完成。“学校作为主要的社会筛选机构，它不仅要参加到筛选过程中去，而且还要发挥它的身份社会化的工具的职能。教育系统的任务是双重的：公平地筛选，以及促使对筛选过程的结果的服从。”① 正是通过教育的文化传承功能发挥，使得受教育者在教育过程中逐渐产生了差异。从而顺利地为社会发展遴选了各个岗位所需人才，也实现了教育促使社会阶层流动的功能与人才筛选功能。

---

① 王建华．国外学校教育功能研究的缘起与现状［J］．民办教育研究，2005（11）：48－52.

2. 人的存在状态决定教育功能特征

人的存在状态不仅决定了教育功能发挥的具体内容，也决定了教育功能发挥的总体特征。在人的自为存在阶段，人类不能把握自身的命运，个体的生存不得不依赖外在的力量，为了获得外在力量的庇护，个体必须牺牲自身的自由发展，要么通过片面发展获得融入了外在力量的一技之长，要么通过扼杀个性以换取外在力量的认同。在这种情况下，教育成了为个体明天生活准备的阶段，教育过程也就沦为个体获取外在力量的功利性活动，教育也就只剩下了赋予个体外在力量与身份认同的工具性功能。只有当人的存在状态达到第三大阶段，生产力的极大发展赋予了个体全面发展的自由，个体虽然还要通过教育学习知识、技能，但其出发点不仅仅是为了获得生存手段，而是完善自我、实现自我的主要方式。自我实现是一个永无止境的过程，它不仅仅追求结果，更看重实实在在的过程。可以说，对个体而言，只有围绕自我完善的活动，才是真正充满意义的生命过程。教育活动赋予个体生命意义，其功能发挥也从注重工具性功能向重视意义性功能转变。

教育工具性功能的发挥，从小的方面看，即通过文化传承等赋予个体谋生的手段；从大的方面看，即通过个体谋生技能的对象化，或生产产品、或管理社会事务，以此促进社会经济、政治的发展。无论是从个体谋生角度还是从社会发展角度，教育的工具性功能都不是在当下的教育活动中可以检测的，它的发挥具有未来性、延迟性。意义性功能贯穿于教育活动过程，个体生命实践不断展开与丰富提升，作为人的生命维度不断拓展，个体在当下的教育活动中体验到了自我实现的快乐，感知到了生命存在的意义与价值，而这种体验与感知最终成了促使个体更好、更完美发展的动力。此时，教育的意义性功能具有了鲜明的即时性与当下性。

3. 人的存在方式决定教育功能的发挥路径

“所谓存在方式，就是事物的本质的表现和现实化。人的存在方式，就是指人的现实生活的表现样式，是人表现和实现现实生活的具体的相对稳定的形式。”① 教育功能的发挥最终通过教育中的人实现。人是教育功能发挥的受体，同时也是中介。教育是直接对受教育者产生影响，还是把受教育者当成功能发挥的媒介，取决于人的存在方式。当人的存在处于自为阶段时，人异化为社会发展的工具。在教育活动中，教育通过塑造社会发展所需的人才，以此完成外在使命，也实现其外在功能。只有当人的存在逐渐从自为走向自觉时，人不断获得自主发展的自由，而教育活动也不必再把自身异化为外在功利目的实现的渠道，而是通过对受教育者自身身心发展的直接影响，既促进了个体的成长，也因此实现了教育内在的育人功能。

（二）教育功能发挥影响教育活动中人（教师）的存在

教育中的人包括了教师与学生，正如前文所分析的那样，就是教育功能发挥的受体与载体，是教育功能发挥的决定要素，因此，我们只有分析学生的存在状态如何决定教育功能发挥的内容、途径及特征，而无须探讨教育功能发挥怎样影响教育活动中学生的存在状态。教师同样是教育功能发挥中的影响因素，与学生不同的是，教师只是因素，其职责是在正视学生存在状态的前提下，设法实现教育该有的功能。但教师究竟是人，在努力发挥教育功能的过程中，体现了作为人的存在状态。具体而言，教师在教育功能发挥过程中，主要扮演了三种角色。一是发出者，特定的职业素养与要求，使教师成为传道、授业解惑者，而正是通过传承知识与道德教化，教育的文化传递功能与教化功能得以实现。二是监督者、评价者，教育功能究竟发挥如何，产生了什么效果？全在于受教育者——学生在教育活动中的变化，教师必须时刻关注这一点，对学生的变化做出即时的判断与评价。三是被动影响者，教育功能由教师主导而生成，而反过来，教育

① 万光侠．人的存在方式的哲学阐释［J］．济南大学学报（社会科学版），2005（5）：24－29，92.

功能生成后，对置身于教育场域中的教师，不可避免地影响了其作为人的生存状态。

1. 教育功能发挥影响教师的存在空间

教育场域是教师从教场所，也是个体的栖身之地。教育场域的大小直接决定教师存在的空间范围，而教育场域究竟有多大，不仅受教育条件的客观限制，也受到教育功能的影响。当教育主要发挥教化百姓，传承伦理道德功能时，学校教育没有形成严密的制度体系，教育活动也没有明确的范围界线。教师既可以于寒窗中谆谆教导，也可以率领弟子云游四方。当经济功能成为教育的首要功能时，专业化、效率化促使了现代教育体制的形成，教育活动从此被固封于专门的场所——学校，教师的存在空间也因此被挤压，成了戴着镣铐的职业舞者。

2. 教育功能发挥影响教师的存在维度

在教育活动中，教师的存在维度主要受教育功能发挥影响。在人类教育产生的初期，教育的主要功能是传承生产、生活经验，因而，教师在教育活动中的存在维度是单一的，即知识传授。随着人类社会的进步，学校教育的功能逐渐增多，教师在教育活动中的存在维度也不断拓展，既从事知识传承，同时也教化民众，筛选人才等。当然，无论是知识传递，还是教化民众，都是为国家、社会而活，只有当教育功能从工具性向意义性转变后，教育活动中的生活意蕴慢慢被开掘，教师的存在维度才会更宽广，才会从为别人活转变为为自己活。

3. 教育功能发挥影响教师的存在意义

教师的存在质量包括其幸福指数、生命尊严的受尊重程度、自我实现程度等，其中，幸福指数是存在质量的外在表现，而生命尊严与自我实现则是存在质量的内在根本。当教育功能专注于政治、经济等外在功能时，学生沦为产品，教育活动沦为生产线，而教师也沦为生产线上的工人，其全部存在的意义就是发挥生产线上的组成部件作用。社会重视教育外在功能，教师的存在就赋予相对的价值，而一旦社会不重视，则教师的存在也就变得无足轻重。事实上，从古代的“天地君亲师”到现代的“园丁、蜡烛”等，说明的都是这个道理。只有当教育活动重视其本身的意义与价值时，教师的存在意义才会实现从外到内的转变，才会真正敞开个体生命的内在意义。

第二节　学校教育功能演变与教师角色中的人性开掘

教师角色的特征受到学校教育功能的制约。学校教育工具性功能的膨胀，导致教师角色中人性的萎靡，教师被抽象为社会需要的符号，教师“自我”被严重遮蔽。当代学校教育意义性功能的补缺，强调学生主体性的唤醒与健康个体的养成，它需要教师“自我”的回归，需要教师角色中人性的开掘。

要谈教师角色，首先要弄清楚角色的含义。“角色是指社会对某一特定人员的一套期待和规范，个体则被置于社会关系中的某个位置，理解和觉察社会对其的期望和规范，从而承担起相应角色。”① 以此推之，“教师角色是指处在教育系统中的教师所表现出来的由其特殊地位决定的符合社会对教师期望的一种行为模式”②。教师角色是社会要求的产物，“教师作为一种专业人员，其专业角色应是外界所赋予的，从而肩负其所受雇学校在整个社会中所发挥的功能，类似于‘好教师’、‘模范教师’的概念都是这种角色期待的副产品”③。因此，社会对教师的期待如何，其主要依据是社会希望学校教育发挥怎样的功能。学校是人类文明的传承地，更是专门

---

① 宋萑，张文霄．教师专业认同：从专业角色走向身份认同［J］．全球教育展望，2012(3)：56－62.

② 李玲英．反思与重构：后现代主义对教师角色的启示［J］．教育理论与实践，2011（4）：45－47.

③ 同①。

培养人的机构，不同社会对所需要的人的规格不一样，这一点决定了学校教育功能发挥的不同，因而对所期望的教师角色自然就有差别。

"'功能'一词源于社会学，它泛指某一社会构成对社会系统的维持和发展所产生的客观后果，是功能归属事项对功能所助益单位所产生的可观察到的客观后果。"① 简单地说，功能就是某事物能做什么，能对其他事物的发展带来什么样的影响。总的来看，学校教育具有促进人的身心发展功能与服务社会发展的功能，不过，服务社会发展的功能最终需要靠培养的人来完成，因此，学校教育的功能主要体现为在人的培养方面所发挥的作用。由此可知，"培养的人"的内涵一旦发生改变，在教育过程中学校教育的具体功能发挥自然需要做出调整。

一、新时期学校教育功能演变

不可否认，学校教育的产生，本就是为了培养社会所需要的人，由此可知，从一开始，学校教育不可避免地被赋予了一定的工具功能，或者说，学校是培养人的场所，学校教育是培养人的重要途径，它本身就具有鲜明的社会工具特征。因此，此处所说的学校教育工具性功能膨胀的依据，不是指学校教育是否培养人，而是指学校教育培养的是什么人，或者说培养的人主要能做什么。事实上，人的价值分为内外两个方面，即外在的工具价值与内在的本体价值。工具价值指具备什么样的能力，究竟能为社会发展发挥怎样的作用；本体价值即个体生命存在的意义，指个体的身心健康成长以及对生命意义的发现、感悟与促成。如果学校教育过于强调个体外在价值的实现，就会侧重学生对知识、技能的掌握，以此为社会培养能"做事"的人才，我们可以说，学校教育的工具性功能片面膨胀了。

---

① 罗伯特·金·默顿．论理论社会学［M］．何凡兴，等，译．北京：华夏出版社，1990：138.

学校教育工具性功能的膨胀始于近现代。伴随着工业社会对各种专业人才的大量需求，学校教育也完成了制度化的转变。专业人才的培养，促使知识的多样化（深奥的自然科学知识成为教育的主要内容）和专业化（人文知识分化为更具体的学科），一般家庭教育和社会教育已经无法完成知识传递的重任，学校成了政治、经济发展的最重要甚至唯一的人才训练基地，成批的产品按照要求从流水线上源源不断地涌出。达到目标，追求效率是现代学校教育的根本特性，“人们对于学校教育有用性职能的重视，也基本上或者说主要是对其结果的关注，而不是对其活动的过程、活动的本质、活动的原因、理由、品质等方面内容的关注。很显然，这样的关注具有极其强烈的实用性、功利性追求”①。受功利性思想的影响，现代学校教育的功能被赋予了鲜明而强烈的工具性色彩。“整个世界成了一个巨大的‘企业’，个体被国家依据教育活动赋予的各项功能安排在这个企业内部并成为它的组成部分。个人日常生活中所要做的就是按部就班地完成其功能，获得‘自我保存’所需要的生活资料。”② 为了得到社会的认可，为了出“好才”“大才”，为了让个体能发挥更大的作用，学校教育甘为“才梯”，沦落为政治、经济发展的附庸。

人类社会进入20世纪中叶后，各种生存危机频现，人们开始重新思量工业化给人类带来的影响，对各种现代性的思想观念及其行为范式有了更深入、理性的评价。而随着后工业化社会的到来，为了应对社会发展的全新挑战，一些思想家对人的存在方式与价值做出了与时俱进的诠释，与人的成长息息相关的学校教育，也不得不在培养目标、教育教学方法等方面努力适应社会发展的要求，“全人教育”“人的全面发展”等口号成了教育学及其相关学科的核心语词，学校教育的功能不得不从片面强调“有用

---

① 黄藤．学校教育基本功能新探［J］．教育研究，2006（10）：73－76.

② 黄英杰，崔延强．自我唤醒与教育救赎——雅斯贝尔斯教育哲学思想初探［J］．复旦教育论坛，2012（1）：49－54.

的”人才培养转向对认知与构建个体生命意义的重视。

通俗地说，学校教育工具性功能膨胀是指学校教育过分追求学生外在价值的实现，即把学生当成满足社会需求的产品；学校教育意义性功能补缺，即学校教育在适当强调工具性功能的同时，追求学生内在价值的实现，突出学生个体的健康成长与其对生命意义的认知与建构。一个人有没有用不是由自己决定的，需要外界或他者按照一定的标准做出判断，因此，个体追求“有用”的过程，其实质就是舍弃内在“自我”向外在要求靠近的过程。这种单向努力的结果就是个体发展的片面化、工具化。来自外界的肯定不足以构成个体积极存在的充分条件，人的积极存在还需要个体对内在生命意义的正确认知与合理体验。因此，人的全面发展不仅意味着外在工具价值的实现，也强调个体内在的感悟生活、创造生命意义能力的提升。要完成人的发展的新任务，当代学校教育功能要在原有基础上做出应有的补缺。“我们应该促使学校教育实现指导思想方面的更新和转化，亦即促使有用性的教育观念向有意义的教育观念的方向转化。”①

（一）从强调“驯化”到重视唤醒

人才培养作为教育目的，那么规训只是达成目的的一种手段；而对于培养人才的专门场所——学校来说，规训成了它的主要功能之一。要训练出对社会经济、政治发展的“有用”之才，学校教育不仅需要“增益其所不能”，而且要改造其思想，使其具有特定社会能接纳的价值观与世界观。即：“在教育中倾向于从社会的需要出发，通过‘规训’来把人塑造成符合特定社会需要、仅为社会而存在的‘社会人’、‘工具人’，培养成‘螺丝钉’。”② 为了实现以上目标，现代学校教育按市场需求选择各类“最有价值的知识”，并编制成形形色色的课程，通过确定一定的标准与要求，

① 黄藤．学校教育基本功能新探［J］．教育研究，2006（10）：73－76.

② 李会松．教育目的：教育之目的与教育之作为目的——由教育工具化引发的教育目的哲思［D］．南京：南京师范大学，2007.

单方面迫使学生在规定的时间范围内进行接受，以此增强学生服务社会的技能。同时，通过各种各样的思想道德教育及意识形态教育，把社会规范烙入学生的头脑。“教师按照社会的需求强制性对人进行规划、设计、修剪、完善，从技术、功用、效率的层面，把人变为思维定式、情感漠然、毫无个性和独特性的机械人，人本体性的存在价值被抹杀，不再是意志自由、内心丰富和感受独特的鲜活的生命体。”①

意义是一种认知，是一种体验，它是主体对外在世界的感悟，深受个体的人生观、价值观影响。意义的生成，是作为主体的人与作为客体的外在世界共同作用的结果，除了要有一定的客体为对象外，更需要唤醒学生的主体性，充分释放个人的能动性。“教育在本质上是唤醒人的生命意识、启迪人的精神世界、建构人的生活方式、实现人的生命价值活动……”②强调学校教育的唤醒功能，并不意味着对已有知识、技能学习的否定，但在目的与方式上有着鲜明的差异。因为，“教育离不开必要的技术技能的训练，但训练是为了涵养人的整体智慧，而不是把人当作训练的机器，使训练成为与人的心灵隔离的异己的活动。”③ 在目的上，学校教育不是单纯让学生拥有“身外之物”而成为社会所用之才，而是以之为依据，建构学生认识外在世界的经验体系，并逐渐形成自己独立的思考问题方式；在方式上，虽不能在现实教育活动中取消接受学习，但单向度的思想训诫、搬运工式的知识传输最终只会遭到时代的抛弃。

（二）从强调筛选到重视个体的养成

由于现代经济、社会发展对不同领域高尖端技术的依赖，学校教育把遴选学生学习不同层次的知识、技能当成了最重要的工作之一，筛选功能

---

① 蒋茵．规训化教育中教师角色分析与思考［J］．当代教育科学，2009（23）：32－34.

② 张培．让教师诗意地栖居在教育中［J］．教育理论与实践，2006（7）：34－38.

③ 李峻，刘玉杰．教育的本真：自由的生成与精神的唤醒——雅斯贝尔斯《什么是教育》解读［J］．大学教育科学，2007（4）：15－19.

被无限放大。具体而言，现代学校教育凭借其严密的学校制度体系，通过教育层次的划分和各色专业的设置，利用升学考试等形式完成学生在教育层次间的流动以及对不同专业知识的选择。每上升一个层面，就有一部分学习者因为不合要求而被淘汰，层面越高，被淘汰的人就越多。学校教育筛选功能的放大，制造了大量的“失败者”，导致了受教育者截然不同的命运，“在城市的低社会阶层和乡村社会的儿童中，能通过层层考试的筛选，顺着教育提供的实现向社会流动的‘渠道’拾级而上，最终能通过受教育改变命运的年轻一代毕竟是少数，更多的人被‘淘汰’了，被认为是‘没有出息的’，继续像父辈们一样在社会的‘底层’打拼。”①

人从其内涵来看，虽然具有类属的意思，但无论如何，人首先是作为个体的存在。只有保证一个一个的具体的人的发展，才会有概括意义上的人的进步。与唤醒学生主体性，建构和完善个体经验体系相联系，当代学校教育的另一种功能是通过提供一定条件，激发学生内在的潜能，让每一个学生都能利用自身身心发展特点，成为最真实、具体的自己。“我们不能不重新审视学校中的学生地位及其价值存在，如果我们承认每一个学生都是具有自我意识的学习主体和发展主体，尤其是具有独立的人格和自我价值，那么学校的任务就是帮助每一个学生养成健康人格，帮助他们探索和开拓新生活。”② 由此可知，养成健康个体才是学校教育的最基本功能，其他功能只有在基本功能得以发挥后才具有实际意义，也就是说，学校教育虽有为社会筛选人才的责任，但这种功能的发挥不能以牺牲个体身心健康为代价，不能以社会的统一要求抹杀个体发展的丰富性。学校教育必须以发挥普适意义上的个体养成功能为基础，才能为多元化的人才筛选提供强有力的支撑。

---

① 巴战龙，张志群．学校教育·弱势群体·非教育功能——一种教育人类学的关联性分析［J］．当代教育与文化，2010（3）：33－37.

② 劳凯声．重新界定学校的功能［J］．教育研究，2000（8）：3－5.

（三）从强调文化传承到重视有意义生活的促成

广义的文化泛指人类创造的一切物质与精神产品，狭义的文化主要指人类创造的精神产品，涵盖了知识、技能、思想等各个方面。“才”的培养需要知识、技能等来支撑，事实上，现代社会对“才”的考量主要看个人对知识、技能的掌握以及对某些思想的认同程度。为了让学生“成才”，为了让学生拥有更多来自前人的知识和技能以及更全面地接受社会所需要的思想，学校教育把文化传承当成了重要事务，文化传承功能在学校教育中无处不在。而因为知识、技能来源于对前人的经验概括，学习知识的前提是对前人经验的再现。为了使再现能尽可能的逼真，提高学生学习知识的效果，学校教育想方设法创设大大小小的情境，营造各种各样的“学习”氛围。人为创设的情境、氛围使师生置身于一个与世隔绝的封闭性舞台之中。“教室—寝室—食堂”三点一线构成了一个固定的表演场域，每一堂课，每一个活动，甚至一言一行都成了舞台表演的一部分。而随着“上课—下课”“上学—放学”“开学—放假”，师生在完成文化传承任务的同时，在再现的情境里完成了一折又一折戏份。尽管学生正处于人生最重要的成长期，但从他们进入学校的那一天起，一直到离开学校，他们被迫与真实生活相脱离，被迫在由再现组成的情境中接受被遴选和抽象后的前人的经验思想。

文化知识可以在人为的环境下有效得到传承，人的某种技能可以在高度抽象后的情境中得到训练，而全面丰富的个体养成离不开具体真实的生活。“学校教育的特殊之处，就在于它不仅是一种有益于学生成长的文化活动，而且是一种有意义的生活。”① 学校教育必须克服舞台功能过于弥漫的缺陷，把虚幻、伪饰的表演剧院在一定程度上还原为具体的生活场所。为此，“学生的休息时间、睡眠时间、娱乐活动、交往活动、兴趣爱好等

---

① 黄藤．学校教育基本功能新探［J］．教育研究，2006（10）：73－76.

日常生活体验不能被隔离在校园之外而必须真实地得以尊重和体现，学习的内容和组织方式必须体现其生活的过程与形式，以增加学生对生活的理解和省察，进而彰显出一种富有启示性的人生态度、生活理想和生存智慧，并把其内化为个人的生活实践并体现为一种生存样式”①。学校的努力方向是，一方面让教育内容与方式积极向真实生活靠拢，另一方面引导学生发现生活的意义，帮助学生形成把过好当下的个人生活与达到“遥远”的社会要求有机统一的意识，并提高他们从真实生活中汲取养料、完善自我的能力。

二、学校教育功能演变下教师角色中的人性开掘

学校教育工具性功能膨胀，不仅使学生成了任由外界捏造的产品，也让教师难逃被工具化的命运。“任何一个社会或时代都会对教师职业提出某些与社会变革特征相吻合的外在规定性要求，如果教师不能达到相应的角色要求，则被看作是‘落后’（或者是‘抗拒’）的。”② 身处工具性功能支配下的现代学校教育中，要想成为得到社会肯定的“合格”甚或“优秀”教师，教师必须放弃“个体自我”，强化“社会自我”，以便使自己成为他人所期望的形象，这种选择的代价是教师个体性与自主性的丧失。教师沦为社会要求的代言人，在教育过程中，教师的生命本真被消解，“自我”被严重遮蔽。

意义需要主体去创造和体验，是主体在自由自觉状态下的一种感悟。意义的大小既取决于主体实践情况，也受到主体自我敞开广度和感受力深度的影响。个体越是敞开所有的理性与感性，展现人性的丰富与多维，就

---

① 王小红．反思规训教育：“人”的异化与救赎［J］．大连理工大学学报（社会科学版），2010（4）：89－92.

② 李茂森．从“角色”到“自我”——教育变革中教师改变的困境与出路［J］．教育发展研究，2009（22）：56－59.

越能捕捉到存在于日常生活中的意义。人之丰富性不可能在冷冰冰的生产流水线上造就，它需要人性的熏陶，需要情绪、情感的滋养。学生丰富人性的养成，需要进行教师角色中的人性开掘。“要塑造真正的人、完整的人，教师必须要热爱自己的职业，把教育当作一种生命活动的展示，当作生命活动的一种折射，在教育活动中不断体现生命的超越性，才能引起教育对象——另一生命的超越性不断涌现，这样的教育才是真诚的，才是本真的教育。”①

（一）返璞祛魅：从身份拔高到回归人的常态

规训的实质是借助一定的中介，规训者对被规训者实施影响的过程。因此，要想更好地遵照社会要求，提高对学生驯化的效果，一方面固然需要建构方便有效的中介系统——严密的权力体系和严格的规范措施；另一方面还需要提高规训者（教师）对被规训者（学生）言行及思想的影响力度，树立规训者（教师）的权威，让被规训者（学生）心生畏惧而甘愿臣服。为此，现代学校教育在不断完善控制体系和纪律要求的同时，想方设法树立教师神圣不可侵犯的崇高形象。一种常用的方式就是赋予教师神圣光环，把教师塑造成可望而不可即的社会模范。从一定程度上看，这种对教师精神境界的拔高，虽然是一种“良苦用心”的选择，但同时也置教师于骑虎难下的境地。从园丁到人类灵魂的工程师，从春蚕到蜡烛，明显夸张的比喻后面，是“神”性对教师“人”性的严重侵蚀。教师长期背负着沉重的精神十字架，被架在高高的神坛上，一边屈于外界压力努力成就社会的期待与要求而身心俱疲，一边因为无法企及外界所要求的高度而不得不选择伪善与自欺欺人。

唤醒是一种激发，是一种牵引。它反感居高临下的说教，也排斥那种虚伪的自我标榜。唤醒需要在自然状态下，主体间进行平等的双向交流，

① 覃兵．论教师主体生命意义的消解与重构［J］．教师教育研究，2005（3）：39－43.

就如《爱弥儿》中的师生一样。师生间交流的本质，不是外在意志的强加，更不是一方对另一方的单向塑造。正如雅斯贝尔斯所言："所谓教育，不过是人对人的主体间灵肉交流活动（尤其是老一代对年轻一代），包括知识内容的传授、生命内涵的领悟、意志行为的规范，并通过文化传递功能，将文化遗产教给年轻一代，使他们自由地生成，并启迪其自由天性"。[①] 因此，人们不应再一相情愿地期望教师像神灵一样普度众生，对懵懂无知或冥顽不化的学生进行改造。教师肩负的任务是脱下虚幻的"神"的外衣，回归常态的"人性"，以"人"为身份，以"人"的思想、识见为导火线，引爆学生的主体意识和创新思维，形成师生间的思想碰撞和观念交锋。只有这样，教师才能正视自己在教育活动中的作用，才能在知识传授中倾听到学生的批判与质疑声音；也只有这样，才能在完成人类文化传递任务的同时，确保学生的主体性、创造性不受损害。

（二）关注感性：从"理"性至上到增添人的情意

筛选功能的完成需要一定的评判依据和手段，在现代学校教育中，通用的依据是学生对外界要求的完成情况，是对知识、技能等的掌握程度，而考试则成了最简单易行的评价方式。"在课程学习当中，人的价值是由他这门课的成绩来衡量的。"[②] 事实上，考试考的是学生接受学校教育的结果，这种结果往往以分数或等级的形式外显。分数大小和等级高低说明了学生过往学习的结果，也决定了学生未来发展的方向。作为评价主体的教师，人们希望其做到的是能按照一个外在标准去客观衡量每个学生的表现。对于学生个体而言，教师首先关注的是他掌握知识、技能的实际情况，是他的表现与社会要求是否相符。"成者为王，败者为寇"，教师能看

① 雅斯贝尔斯．什么是教育［M］．邹进，译．北京：生活·读书·新知三联书店，1991：3.

② 马克斯·范梅南，巴斯·莱维林．儿童的秘密——秘密、隐私和自我的重新认识［M］．陈慧黠，曹赛先，译．北京：教育科学出版社，2004：196.

到的是在某个标准下哪些学生为“王”，哪些学生为“寇”，至于学生在想什么，学生的感受如何，学生如何看待发生在自己及别人身上的各种事件，教师往往置之不理、了无兴趣。教师冷酷麻木，学生的酸甜苦辣常常不被教师放在心上也就见怪不怪了。

个体养成即人的感性与理性的充分发掘，是人之为人的全面发育。它既需要用人类已有的普适性的、客观的知识、经验建构个体的理性方面，也需要用个性化的、主观的情意、态度等组成个体的感性部分。“任何规程和教学大纲，学校中的任何人为的机构，无论它考虑得多么周密都不能代替人格在教育工作中的作用……没有教师人格对学生的直接影响，深入性格的真正教育是不可能的。只有人格才能影响人格的发展和确立，只有性格才能形成性格。”① 因此，教师不能只做分数面前的冷面判官，必须首先关注学生在教育过程中的体验、对学习的感受，以及对整个生活世界的看法，并能以自己鲜明而真实的体验、感受引发学生的共鸣。教师通过情感交流疏导学生的负面情绪，通过个人体验的共享引导学生情意的正面发展，最终形成学生积极向上的人生观念、构建学生健康而丰富的感性世界。

（三）表现“自我”：从脱离生活到走向人的真实

文化传承功能支配下的知识再现，使学校教育成为一种封闭状态下的剧场表演。在精心打造的舞台上，教育内容（文化知识）被转化为各类表演内容，而教育教学过程自然演变为了具体的表演过程。在表演过程中，教师一方面要按照预设计划组织好文化知识、安排情节，另一方面要根据教育内容的特点和学生一起融入戏中。文化知识能不能被学生掌握，文化传承功能能不能实现，不仅与表演（教育）内容有关，也与教师的表演手段与技巧（文化知识的再现方式或教育教学方法）有紧密联系。为了更好地完成文化知识再现的任务，教师必须融入戏中。即教师根据文化知识的

① 滕大春，吴式颖．外国近代教育史［M］．北京：人民教育出版社，1989：399.

特点，根据剧本需要顺利变换不同的脸谱，同时，在各种戏中按部就班完成自己的戏份并尽量逼真、栩栩如生。而教师能不能入戏，表演质量高不高，与其说取决于教师的表演功夫，不如说取决于教师能否隐藏个体真实的情感、态度。教师越能表演得精彩纷呈，就越能对个体真实的“自我”掩藏得天衣无缝。结果是，这种脱离现实生活、抹去“自我”的表演，消解了教师个体生命中具体、丰富的内涵，呈现在学生面前的是一个个被消解了真情实意、戴着面具的职业表演者。

“就本源而言，人希望成为真正的人，而非异化的人。”① 学校教育舞台功能的弥漫，教师常年处于一种对现有世界的“歪曲”与“异化”状态之中，这种状态迫使教师个体本真的异化，以方便在教育过程中按照外在预设做出各种虚假的表演。生活是具体的、当下发生的，因此，有意义的生活的促成，意味着学校教育内容与方式向生活靠拢，这一任务的完成，需要教师以人的真实性做支撑。教师角色走向人的真实性，一方面即教师用个体真实的人生阅历诠释人类已有的普适性知识、经验，在个性化的解读中实现一般抽象与个别具体的交融；另一方面教师以个体当下真实的、即时的生活态度与方式，引领学生在现实生活中的作为，促使其形成积极健康的生活理念，并提升他们把握生活方向以及感悟生活、体验生活的能力。

尽管角色是外界期待与规范在个体身上的体现，但角色的承担者是具有能动性的活生生的人。因此，演绎角色的理想境界就是达成外界要求时避免个体人性的湮没。以此推之，教师角色中的人性开掘，不仅是应对学校教育功能演变的一种需要，也是保证教师在履行工作职责时实现人的基本权益的有效途径。敞开自我，体验真实而丰富的教育人生，既是教师当下存在的基础，更是教师竭诚服务教育事业的永恒动力。

---

① 雅斯贝尔斯．什么是教育［M］．邹进，译．北京：生活·读书·新知三联书店，1991：27.

第三章 教育教学制度革新与教师“自我”的解放

制度是一种规则或规范（体系），这是对制度最基本、最普遍的一种规定。马克斯·韦伯认为：“制度应是任何一个圈子里的行为准则。”[①] 作为这样的一种准则或规则，社会制度必然会在一定社会环境中实际地适用于人们行为，而不是逻辑地、理想的规范，也不是某种“规范意向”。[②]

新制度经济学家们多把制度界定为一种规则或规则体系。诺斯认为：“制度是一系列被制定出来的规则、守法程序和行为的道德伦理规范，它旨在约束追求主体福利或效用最大化利益的个人行为。”[③] 罗尔斯提出了一个简明扼要的制度定义：“我要把制度理解为一种公开的规范体系。”[④]

对制度化有两种不同的理解，以美国社会学家伯格为代表的一派将之理解为借助于习惯演进而来的制度而实现的定型化，国内皮钧、高波等学者也持相同的观点。他们认为，所谓制度化，是指群体和组织的社会生活从特殊的不固定的方式向被普遍认可的稳定化模式的转化过程。而批判论学派则将制度化理解为近现代社会中随着理性化以及随之而来的技术化功

① 马克斯·韦伯．经济与社会（上卷）［M］．林荣远，译．上海：商务印书馆，1997：345.

② 马克斯·韦伯．经济与社会（上卷）［M］．林荣远，译．上海：商务印书馆，1997：346.

③ 道格拉斯·C. 诺斯．经济史中的结构与变迁［M］．陈郁，等，译．上海：上海人民出版社，1994：225－226.

④ 罗尔斯．正义论［M］．何怀宏，等，译．北京：中国社会科学出版社，1988：50.

利化进程的加剧而出现的科层化、集权化和物化等种种异化倾向。他们把制度化社会理解成一个由种种理性化、等级化制度牢牢地“捆绑”而成的“铁笼”。国内陈桂生教授认为，制度化一般而言系指个人社会团体的行为符合社会规范的程度及与之相适应的过程。作为个人、社会团体制度化的过程，一般是指从不稳定、不严谨、非结构的形式发展为稳定的、有序的、有结构的形式的过程，也就是从不明确的结构到明确的结构，从非正式的控制到正式的控制的过程。

与对制度化的理解相对应，对教育制度化也有两种不同的解读。一种是传统教育社会学的观点，把教育制度化理解为教育的定型化，理解为教育规范在教育中的“出席”，而将教育的非制度化理解为教育规范在教育中的“缺席”，或者说是“教育失范”。另一种是新教育社会学或旧制度教育学带有强烈批判意识的解读，他们为教育制度化设置了较高的管制门槛，认为教育制度化是一种“超强”的管制过程，是教育的“异化”。“无论是按照某种制度采取教育措施，还是依照制度对教育活动进行规范管理，都不一定是‘制度化’的教育；惟既然制度旨在规范活动，依其本性，为了杜绝失范，只要有可能，总倾向于使制度中所包含的规则、规范更为密集，并使制度配套，这就是‘制度化’的倾向。”①

国内康永久博士认为，教育制度化既不是简单的教育定型化，也不能把它看成教育异化，而应看成一种导致强制性教育制度的理性行为，即个人基于对自身教育利益的理性计算而导向强制性教育制度的行为。因为，“所谓教育制度化，就是人们为了捕捉随生产剩余、社会分层和文化更新而来的新的教育机会利益而对教育进行重新设计、选择和调整时所产生的教育正式化、规范化、等级化、集权化乃至科层化倾向”。“所谓‘制度化教育’，就是人们为了捕捉随生产剩余、社会分层和文化更新而来的新的

① 陈桂生．“制度化教育”评议［J］．上海教育科研，2000（2）：9－13.

教育机会利益而对教育进行重新设计、选择和调整时所产生的教育正式化、规范化、等级化、集权化乃至科层化倾向的教育。”① 教育制度化，就教育实践活动而言，是制度化教育的兴起和发展，而制度化教育，从制度层面来说，即为强制性教育制度的生成和变迁。“强制性”表征的是人与人之间客观存在的等级关系，表征一种人与人之间的单向制约关系。强制性教育制度主要包括学科规训制度、学校等级制度和教育集权体制等。一般情况下，人们更倾向于从“强制性”的角度来理解制度化教育。

不可否认，制度化教育在完成社会职能、促进社会进步、规范教育活动等方面起着非常重要的作用：制度化教育使人才成批地、连贯地、高效地、有计划培养成为可能，从而及时为工业社会输送了大批合格劳动力，为社会的发展提供了人才基础；制度化教育的集体教育形式使更多人接受教育成为可能，为普及和发展教育，推进社会民主进程做出了巨大贡献；制度化教育改变了教育过于松散随意的状况，使教育活动在一定程度上实现了规范化、科学化，从而尽可能排除教育系统、教育实体、教育过程以外的干扰，尽可能排除人为因素干扰，使教育活动有序地开展。

随着各种各样制度渗透到教育活动的一切领域并成为调节教育活动的主要手段和规范，人们对制度性的依赖越来越明显。结果，随着社会的进步，在新的时代需求背景下，人们创造了各种教育制度，不但没有取得应有的效果，却反过来成为制度的奴隶，其弊端日益凸显。制度化教育具有功利性、机械性、整齐划一性、去人性等特征，这些特征在促进教育公平、提高教学效率、降低教育成本的同时，严重抑制了教师主体能动性、创造性的发挥，导致教师在教学中“人性”的被遮蔽，从而使“人气旺然”的教学严重物化。在现实的教育教学过程中，由学科规训制度、学校

① 康永久．教育制度的生成与变革——新制度教育学论纲［M］．北京：教育科学出版社，2003：242－243.

等级制度和教育集权体制等所带来的局限性对教师教学个性的抑制具体表现为：专制型的课程知识供应制度限制了教师对课本知识的个性理解以及对教材的创造性开发；教学过程管理上的行政化、单向化妨碍了师生教学生活的自主自由；教学评价的数量化，剥夺了师生对个体生命意义的追求。

制度是对自由的限制，而自由则是在限制之外行事，受主观愿望和意志的推动，个人总是力图扩展自由行动的空间。由此，便形成了制度与自由之间的紧张关系，它推动着制度与自由之间的逻辑关系历史地展开为一个过程：“一方面，它促使人类不断发明新的制度形式，以限制、确认和扩展个人的自由，从而推动制度不断变迁和创新；另一方面，它在限制个人自由的同时，为个人自由的实现提供了越来越好的条件，从而促使个人自由不断扩展。”①

新制度形式的产生，并不是要消除自由主体之间的紧张，而只是为了使自由主体之间、制度与自由之间保持合理的、适当的张力。“所谓‘合理的’张力，是从张力的实质上讲的，它推进了制度的合理化，以使制度成为将自由主体之间的张力转化为推动社会进步的动力的机制；所谓‘适当的’的张力，是从张力的强弱上讲的，它要求处身张力关联的主体之间在力量上保持一定的动态平衡，既使每个人都有发挥自己力量的机会空间，又使所有的人能有机地扭结在一起，并通过互动与合作发展和强大自己。这构成了制度对于人的自由全面发展所具有的基本价值和主要功能。”② 现代制度的最大用处就是有效界定自由主体之间、个人与社会之间的权利义务边界，以使自由主体在自由竞争中实现自己价值的同时，促进社会的发展和进步，通过促进社会的进步为个人自由进一步发展创造

① 邹吉忠．自由与秩序：制度价值研究［M］．北京：北京师范大学出版社，2003：180.
② 邹吉忠．自由与秩序：制度价值研究［M］．北京：北京师范大学出版社，2003：184.

条件。

“没有规矩，不成方圆”，一定的制度、规范是教育体系正常运转的保证，也是教师行使教学权力、维护自由的根本。然而，如前所述，现今制度化教育对教师教学个性的束缚已是不争的事实。20世纪以来，随着“人本主义”思想的兴起，对人的主体性、创造性的肯定与追求成了世界教育改革的潮流和趋势；而现象学、诠释学以及后现代主义理论等纷纷提出了对教育理解的新视角，教育制度的焦点正在由传统的“效率”“控制”转向理解、对话以及生命意义的生成，制度化教育也正逐渐向后制度化教育转变。

我们所说的“后制度化”，“一方面，它不是对制度化之前的自在教育（制度）形式的回归；另一方面，它也不是对强制性教育制度的一种暴民政治式的或无政府主义的反抗”①。“教育的后制度化，就是一种把教育还给人，把人还给他自己，让他自己来界定教育发展中理性标尺的历史过程。”② 就教育实践活动而言，所谓教育的后制度化，就是基于市场经济、民主政治的以个人自由和权利平等为核心的后制度化教育的产生过程；就教育制度层面而言，所谓教育的后制度化，就是强制性教育制度解体和自主性教育制度的生成过程。其中教育制度方面的变革是这一过程的核心和关键。这种教育的后制度化具有以下特征：①它不是欠制度化，而是使制度改变其基于等级区分的强制性质，成为个人自主活动的支撑体系。因此，它所追求的首要价值是个人自由和基于个人自由的权利平等。②人们改变教育制度的强制性质，不是纯粹地出于道德义愤，而是出于人们按照自己的价值标准所进行的理性计算，是人们为谋取强制性教育制度难以捕

---

① 康永久．教育制度的生成与变革——新制度教育学论纲［M］．北京：教育科学出版社，2003：392.

② 康永久．教育制度的生成与变革——新制度教育学论纲［M］．北京：教育科学出版社，2003：393.

获的教育利益和效率的必然结果。③由于这种基于个人利益考虑的理性计算，教育的后制度化过程不是一种走向教育理想国或乌托邦的运动，而是逐步建构一种个人在其中能够自主，对公共教育权力能施加有效约束，对教育制度的未来变革也能施加有效影响的教育制度的变革过程。④后制度化追求教育中个人权利和公共教育权力之间的协调和平衡，这种协调和平衡不但出自某种价值取向，而且出自教育效率方面的考虑，也就是说，后制度化不是取消国家、计划或非市场的其他方面，而是合理组合各种力量，以便使获取教育中的物质利益与非物质利益的个人效率尽可能地达到一个更高的层次。

所谓自主性教育制度，简单地说，“就是以个人自由以及人与人之间的权利平等为基础，以确保教育中的个人自由和权利平等，方便个人有效谋取自己的教育利益为特色的教育制度”①。自主性教育制度以最大限度扩大受教育者的教育权利为目的，以增强教师和学生在教育过程中的自主与自由为手段，最终使教学过程成为师生共同创造、一起成长的过程。自主性教育制度的建构，主要包括三方面。一是学科制度的多元化发展，主要体现在以对个人主观意愿、各民族文化传统和各地方地域特色等方面的尊重为特色的多元文化课程的兴起上。二是学校制度的自主性增强，即确保学校生活自主而非强制运行。主要包括学生的学习自主权、教师的教学自主权和学校的办学自主权三个基本方面。三是有限教育行政制度的实施，一方面，那种事无巨细的集权管理必须得到抑制，教育管理必须从教育中的私人领域退出；另一方面，属于教育行政的权责范围的教育公共领域之内的政府教育职责必须得到加强。政府在教育发展中的首要责任，就是区分教育中的公共物品和私人物品，加强公共物品供给的管理，并为此而加

① 康永久．教育制度的生成与变革——新制度教育学论纲［M］．北京：教育科学出版社，2003：422.

强对现有的作为公共物品而存在的那些教育服务私人化研究的资助。站在教师的角度来说，也只有从上述各方面入手改革，才能保证教学过程的主体性和创造性，才能使教育教学充满私人生活意蕴，让教师的职业生涯染上“自然人”生活的个性色彩。

第一节　知识供应制度革新与教师“自我”的解放

所谓课程知识乃是指进入课程领域并得以实际运行的所有知识。它“既包括以文本的方式体现在课程计划、课程标准和教材中的知识，也包括教师在教学设计时引入的知识”。[①] 制度化的教育必然要求一种制度化知识与之相适应，学校所规定的课程知识就显示了制度化的特性。日本学者佐藤学指出了这种知识供应的四种性质：“一是这种知识是在现有的被视为学问（科学技术与艺术）、作为真理与真实的知识中经过政府检定（或是国定）的，某种意义上说是经过过滤的知识。二是这种知识是儿童‘能够理解和传递’、亦即被转换、归纳成得以传递的话语（文字）这样一种制度（约定俗成）的知识。三是这种知识在大多数场合是当代学问中显而易见的结论（正答）。四是这种知识由于是局限于上述框架里，教师、家长和儿童也没有感到必须超越这种框架去求得知识。”[②] 这种制度化知识是如何体现于课程知识中的呢？这就涉及了课程知识的供应制度。“课程知识供应制度就是在课程知识的选择、组织、分配和传递过程中必须予以遵守的、正式的、定型化了的行为规范体系。”[③] 课程知识的“供应”也不仅包括课程知识的选择和分配，而且包括课程知识的“意义”的确定与控

① 郭晓明．课程知识与个体精神自由——课程知识问题的哲学审思［M］．北京：教育科学出版社，2005：498.

② 钟启泉．论“教学的创造”——与日本教育学者佐藤学教授的对话［J］．教育发展研究，2002（7－8）：34－36.

③ 郭晓明．课程知识供应制度与个体精神自由［J］．教育研究与实验，2003（4）：9－13.

制。不同性质的课程知识供应制度在知识供应主体、知识合法化方式上，在知识的选择、分配和传递上，在对学校、教师和学生的要求上，都存在根本性的差别。课程知识供应制度中的核心问题主要有：由谁决定知识的选择？选择什么样的知识？被选择的知识如何解释？对这些问题的不同回答，使课程知识供应制度之间存在着性质上的差异。制度化教育崇尚权威、封闭式的课程观，教学内容作为教育教学的三要素之一，不仅仅是连接教育者与被教育者的中介，更是社会实现对个体控制的手段和工具，因此，制度化教育所采用的课程知识供应制度大多是专制型的，它的专制性主要体现为三个方面：“国家主体”独揽知识选择的大权；结果性、事实性知识的垄断；知识的“独断性”解释。

著名学者马克斯·舍勒提出了三种基本的知识类型：统治—事功型知识、本质—教养型知识和获救型知识。舍勒认为，第一种知识是人类控制自然、参与社会与历史的人为过程的技术性的认知体系，这一类型知识虽然也涉及真与假，但它更多地受到社会、历史与时代以及思维方式的偶然法则规约；第二种知识不问世界实现中的法则，而是询问世界的本质，是以理智认识方式获得的非实证性知识，是对价值秩序的认识，它一方面为实证知识提供基础性的预设，另一方面探究整体性世界意义与生命之本质的问题；第三种知识是个体性的，关涉个体此时存在的价值的实质，是个体的信念、信仰、经验等的总和，它是个体自我精神活动以及价值层次的构架。“与统治—事功型知识和本质—教养型知识不同，获救型知识并不涉及普遍有效的真与假的问题，只涉及个体生活的幸福、悲苦、希望、慰藉等生存意义。”① 如果说前两种知识可以寻求一个公共的管理者（比如国家主体），那么获救型知识则是一种个体性的存在。因此，理想课程知识

① 刘小枫．现代性社会理论绪论：现代性与现代中国［M］．上海：上海三联书店，1998：198－298.

供应方式的建构需打破知识供应制度的专制局面，使其积极向民主型转变，赋予教师必要的知识选择和阐释权，师生的个体性知识才会有用武之地。而民主型知识供应制度的建构，关键是要打破“国家全能主义”的思维方式，实现“国家”与“社会”的分化。具体地说，就是不能再把“国家”作为唯一合法的课程知识权力主体，让其代行所有社会成员在课程知识上的权力。正确的选择是促进课程知识供应权力的分化，主动将“国家”以外的课程知识权力主体纳入到课程知识供应的制度框架中来。所有课程知识的权力主体在秉持理性的精神和相互尊重、相互承认的态度的基础上，自然地展开“权力博弈”，在这种“博弈”中，“社会”制约“政府”，同时考虑“国家”的正当课程知识诉求。正是知识供应制度的变革，教师教学个性才得以解放。

一、从“国家主体”独揽知识选择大权到教师成为课程知识的决策参与者

制度化教育下，政府以国家的名义牢牢控制着知识选择的权力，这种控制体现在两个方面：一是国家根据“国家主体”的利益制定知识选择的原则和规范，限制进入课程的知识类别；二是在实际的知识选择中施行“专家官员化”，专家本是一个在课程知识领域有一定造诣和独立见解的知识分子，但在“国家”与“专家”的知识合法化权力的争夺中，“专家”事实上处于依附的地位（“专家”这个身份都是由国家赋予的），并不构成对国家权威的足够威胁，往往成为其合法化的某种手段，“‘官员型专家’更是‘国家’在‘前台’的象征”①。制度化教育独尊代表“国家主体”的专家学者，他们独揽知识选择的大权，而真正使用教材的教师则沦为了

---

① 高水红．课程知识的合法性问题——对《基础教育课程改革纲要（试行）》的社会学分析［J］．学科教育，2002（8）：1－4.

旁观者。这种一元化知识选择制度导致教师与教材分离，教师个人的教育力量、个体实践知识与专家设置的教育内容之间无法建立起建设性的联系，教师只能遵从由上层专家所预先设置的教材内容。对教师而言，教材是外在于自我的客观存在，它是教学的标准和评价尺度，教学的目的就是落实知识点。教师在教学活动中无法质疑教材中的理论和观点，无法表达自身的“个人知识”和真实感受，自然也就少了对其应有的反思和批判。

民主型知识供应制度的建立，首先需要教师从教材编制的旁观者转变为决策参与者。在课程知识的选择阶段施行多元主体协商互动的原则，充分尊重学校、教师的决策权利。让教师分担一定的课程研究与教材开发的责任，使课程知识的合法化建立在正视教师知识背景、所属地域各异的前提之上。教师的参与方式有两种。第一，让教师成为“课程研究者”。教师作为“社会”中的一分子，一方面他应该拥有课程决策的权利，另一方面也具备开发课程的能力。因此，国家主体应该真正赋权给学校和教师，让教师在校本课程开发中能起到关键作用。同时，为了提高教师的课程开发能力，使教师能转化为一个成熟的课程知识决策者，国家教育行政部门有义务举办相关的课程开发培训班。第二，让课程专家“实践化”。手握知识决策权的课程专家不仅要考虑“国家主体”的利益，也要倾听“社会”成员特别是教师对课程知识的诉求。这就要求作为具备强大研究潜能的专家群体，从根据“国家主体”的意志来选择知识转变为去实践领域寻求课程知识合法性的基础。它需要专家长期地深入教学第一线参与课程实践，了解学生、学校乃至家庭、社区的特色，与学生、教师、家长及周围资源等共同生成适宜有效兼具特色的课程方案。这种研究的实践化所形成的实践型专家将在课程建构中真正具有广泛的“社会”代表性，才能真正实现课程知识选择中的权力多元化。

通过“教师的研究化”和专家“研究的实践化”所形成的“实践型专家”，因其既有研究探讨的意识，又有实践的经验，为其在课程知识选择的多元化开辟一条行之有效的新途径。但是，这条途径不是一蹴而就的，它需要不断地受到质疑与检验。因此，给予教师研究的机会和开放的空间，给予专家参与的机会和必要的支持，既要在行动上落实到位，更需要相关制度的保证。“可以肯定，这种以研究性与实践性为依托的‘研究型教师’或‘实践型专家’，在课程实践中求得其合法性地位的同时，也必将成为真正的探索者与开拓者!”[①] 这样一来，在教学过程中，课程才不会是遥不可及或陌生的知识堆积，才会为消除存在于教材与教师个人知识之间的鸿沟创造条件。

二、从结果性、事实性知识的垄断到教师成为课程知识的阐释者、创造者

专制型知识供应制度严格区分“传递知识”和“非传递知识”，两者之间有着严格的边界，绝不允许传递“未被选中的知识”。同时把教育等同于知识教育，只注重理性知识的学习，而忽视甚至排斥人类其他方面知识的学习，在实践中，通常在课程标准、教科书、教学参考书等材料中具体规定了教师必须知道、讲解和要做的每一件事情，以及学生需要做出的各种反应。课堂教学的评价大多也是依据于课程标准中的标准化的行为来进行的，游离于标准化的任何行为都被判为不合课堂教学要求而遭到批评或指责。从某种程度说，制度化教育是近现代工业化的产物。工业化社会需要的是掌握一定客观知识、形成相关技能的人才，这一要求反映到教育中，就体现为教育过程对普适性、客观性知识的重视，即对所谓真理、规律的推崇。真理、规律要么是揭示某个自然或社会问题的结果，要么是告诉人们某一方面的事实真相。结果、真相型的知识被高度抽象后，以“官

① 高水红．课程知识的合法性问题——对《基础教育课程改革纲要（试行）》的社会学分析［J］．学科教育，2002（8）：1 –4.

方”言语表达于课程中，它是显性的、外在于教师个体的。因为其确凿无误、毋庸置疑，所以教师唯一可行的就是根据教材的重点、难点、疑点，化难为易，讲清讲透。对教师而言，他所做的不过是执行他人的计划，从事他人提出的活动。因其抽象概括，与教师的实践活动严重脱离，因而教师个体的生活经验和智慧无法在教学过程中得到发挥，教学活动成了一种“空”对“空”的知识搬运。

布尔迪厄的反思性实践理论消解了课程知识的客观性、确定性、普适性，提出了课程知识的反思性、境域性、生成性。他认为课程的实施不是教师一个人的事，不是由教师一个人向学生灌输制定好的课程内容，课程的实施就算结束，而应该让广大学生参与，由教师和学生一起来对给出的课程内容进行反思、批判，经过实践，最后建构出一种新的有意义的课程。阿普尔也强调，教师“不仅要关注怎样传授知识（注重效率问题），而且还要知道为什么要传授这些知识（关注政治问题、文化问题）”①。因此，“课程并不是由教育权威制定出来的，让教师按照其旨意实施的一种静态的产品，而是由教师和广大学生经过反思与批判建构动态生成的。它不是一套完整的计划，而是具有情景性的有意义的内容”②。

统治—事功型知识和本质—教养性知识可以凭借媒介进行普遍性的传播，但获救型知识关涉个体的生存方式，是个体生活经验和处世智慧的体现，它不能上升到“四海而皆准”的高度，自然也就不能够采用显性的、普适性的方式来传授。它隐藏在教师的“缄默性”知识里，生成于教师的教学活动中，只能在教学实践中通过对学生的潜移默化而产生其影响。因此，民主型知识供应制度的建立，应为教师“实践知识”的登堂入室创造条件，消解课程知识的确定性，使课程知识结构从既定封闭型向“留白

① 黄忠敬．意识形态与课程——论阿普尔的课程文化观［J］．外国教育研究，2003（5）：1－5.

② 黄忠敬．论布迪厄的课程文化观［J］．外国教育研究，2002（3）：17－19.

式”生成型转变。它需要教师成为课程知识的丰富者、开发者，使知识的传递从“货运式”传递转向“生成式”传递。20世纪下半叶以来，以斯坦浩斯（Stenhouse，L.）为代表的课程开发“过程模式”认为：课程并不是对材料的堆集或教学大纲的罗列，而是对教学实践的一种具体的说明方式。而后现代课程理论在批判“泰勒模式”过重于技术理性的基础上，主张课程应该是生成性的，具有某种不确定性。“后现代主义强调每一个实践者都是课程创造者和开发者，而不仅仅是实施者。”[①] 教材的价值不在于“控制”教学，它只是在课程标准指导下编制的教学材料，教师不必绝对服从教材，而应该根据自己的能力和知识背景对教材做适当的改造和再开发。同时，教师在其独特的和不断变化的教学情境中能以不同的阐释来教课程，即在具体的教学情境中能创造性地研究教的内容，使知识的传授过程同时也是课程的生成过程。

三、从专家对知识的“独断性”解释到师生知识的“视界融合”

专制型知识供应不仅控制知识的选择，同时，对已选知识的解读也往往定于一尊，排除异己。这种对知识的“独断性”解释具体表现为一元化政治意识形态对课程实施的操纵。正如阿普尔所认为的，“课程不仅仅是一个技术问题，也不仅仅是一个心理学的问题，更是政治、经济、文化的问题，课程内容不是中立的，而是意识形态的，是价值负载的。”[②] 只要有课程知识的选择与解释，就一定要遵循某种价值取向，所以问题不在于课程知识里是否渗透了某种价值取向，而在于是否只体现了某种单一的、由权势集团单独支配的价值倾向。

---

① 小威廉姆·多尔．后现代课程观［M］．王红宇，译．北京：教育科学出版社，2000：23.

② 黄忠敬．意识形态与课程——论阿普尔的课程文化观［J］．外国教育研究，2003（5）：1-5.

专制型知识供应制度往往借助单一的意识形态，试图维持意识形态威权所需要的群体一致化，因而对社会知识形态和对个人思想与行动实行控制。受意识形态控制的教育及其课程所形成的知识及其解释方式，很多方面带来的是对知识的扭曲与变形，它排斥知识的多元化及知识解释的多样化，它把某种解释方式与教育方式确定为合法化的，把不符合意识形态的知识图解排斥在学校课程之外。被“一元意识形态化”的知识依靠教育行政制度的强制干预而合法化后，从上而下、一级一级地采用“货运式”传递给学校、教师和学生，学校成了知识“合法化”实现的场所和工具，教师则是知识的“二传手”，是国家政治意识的传声筒，而学生就完完全全成了服从权威、被动接受知识的臣民。从而造成教师压抑自己的独立思想，屈从于意识形态的威权，在日常个性及心智结构上符合意识形态的模具，从而也扼杀了师生的创造性。“教师的教学活动日益异化为一种简单的劳动过程，并导致教师越来越依赖于那些事先准备好的‘手推车上的课程’和外部专家的建议。”①

教学过程中师生的内在关系是教学过程创造主体之间的交往（对话、合作、沟通）关系，这种关系在教学过程的动态生成中得以展开和实现。如多尔所言：“为了促使学生和教师产生转变和被转变，课程应具有‘适量’的不确定性、异常性、无效性、模糊性、不平衡性、耗散性与生动的经验。”② 教师的职责是：“越来越少地传授知识，而越来越多地激励思考；除了他的正式职能以外，他将越来越成为一名顾问，一位交换意见的参加者，一位帮助发现矛盾而不是拿出真理的人。他必须集中更多的时间和精力去从事那些有效果的和有创造性的活动：互相影响、讨论、激励、了

① MICHAEL W. APPLE. Education and Power ［M］. New York：OxfordUniversity Press，1982：71－73.

② 小威廉姆·E. 多尔. 后现代课程观［M］. 北京：教育科学出版社，2000：182.

解、鼓舞。”① 民主型知识供应制度的建立，还需要学生有自身的理解。在教学中，教师应树立这样的信念：无论教师对课程“文本”做怎样个性化的阐释，其最终的旨趣在于激发学生的创造热情，在于让学生能够个性化的成长。这就要求师生在教学过程中展开充分的对话交流，彼此尊重各自的主观经验。解释学认为：“正是个体的主观经验构成了个体提出问题、观察问题和分析问题的‘视界’，也正是个体的主观经验将以往人们所认为是抽象的、纯粹的真理引入到历史领域，成为历史的真理……认识的过程也根本不是以纯粹个体反映外部世界的形式进行的，而是以个体和历史‘视界’不断融合的形式进行的。”② 教师和学生先以各自独特的“视界”对课程“文本”进行解读，实现人的当下“视界”与“文本”知识的历史“视界”相融合，然后师生间在保留个性差异的基础之上再实现当下“视界”的融合。这样，既实现了知识在传递中的生成，也让教师的个性知识能够充分展现，使教师“自我”得到了应有的解放。

第二节　教学管理制度革新与教师“自我”的解放

教师教学个性的生成深受学校教学管理制度的影响。“行政权力主导”下的学校教学管理制度，因其管理行政化，忽视了教师的专业自主性；因其管理集权化，扼杀了教师的主体性、能动性；因其管理模式化，削弱了教学的多元性。因此，要促进教师教学个性的生成，需要在“教师权力主导”理念下进行学校管理制度的变革。

教师教学个性是教师“自我”在教学生活中的显现。具体来说，教学个性不是简单的哲学视野下的与众不同，也不只是心理学视域下的个体性

---

① 联合国教科文组织．学会生存——教育世界的今天和明天［M］．北京：教育科学出版社，1996：108.

② 石中英．知识转型与教育改革［M］．北京：教育科学出版社，2001：152.

格、情感的体现，而应该是在兼顾两者的基础上，以凸显教师人性为旨趣，以在教学中展现教师自我为中心，把教师工作的社会性与个体性融为一体，把教师作为人的主体性、创造性、独特性与一般教学规律相结合，把个体情感、价值观和教学实践融合为一。对教师而言，教学个性不仅是一种行为表现，更是一种贯穿于教学生涯的意识和态度。意识和态度是个体主观领域的产物，它的产生受到外在因素的影响。外在因素中，民族传统文化（主要指为人处世和日常思维方式）和现实管理制度影响甚大，但是，传统文化的影响是潜移默化且相对间接的，与之相反，现实管理制度（如学校教学管理制度）对教师教学个性发挥的影响显得直接而又强烈。

为了研究需要，笔者曾经走访了不少一线的中小学，在很多老师的办公室里，见到过形形色色打印成文的教学常规管理制度。一般而言，中小学的教学管理制度篇幅都较长，在内容上基本上都会覆盖包括教学计划、备课、上课、阅卷、课外辅导、实验指导、课外活动、成绩考核和评定、教研活动、教学总结十大方面，而且每个方面都做了非常具体明确的要求。尽管每所学校的具体情况不同，但教学管理制度却有着惊人的相似之处。比如，开头一般都是：“根据《××市教育改革方案实施意见》，为贯彻《××市初中、小学教职工工作量化管理与实行结构工资制改革方案》《××中心学校教师聘任实施意见》等相关文件的指示精神……建设一支师德高尚、素质精良、结构合理的教职工队伍，推动我校教育教学各项工作全面发展，结合我校实际，特制订本方案。”

另外，在具体内容方面，大多可概括为备课、上课、作业批改与阅卷、成绩考核与评定等。对备课的要求，常见的规定有：“教师应把集体讨论的内容加以消化整理，在此基础上修改个人备课，提前一周写出分课时教案，内容应有：课题、教学目标和要求、重难点、教学方法、教具和学具、教学过程、板书设计，课堂小结，巩固复习等。”“每课时字数规定，语文300字以上，其他各科200字以上，少于以上规定字数的算不合格备课。”对上课的要求，有代表性的条款有：“教师教态自然，上课期间不许喝水、吸烟、坐着讲课或趴在桌子上讲课。”“任课教师不得随意调课、私自请人代课或改自习课，不得在上课时间到教室外走廊上走动、休息、闲谈。”对阅卷也有要求，如“分量适度。大部分作业要指导学生在课内完成。学校教务处要控制课外作业的总量。课外作业的总量，每天不超过一个小时。对拟布置的学生作业，教师应先做一遍。”“批改作业的基本要求是：坚持教师批改—学生订正—教师检查—课堂讲评。”“教师要按时收取作业，及时批改和发还作业，让学生及时了解自己的学习结果。不得同时使用两个作业本交叉作业，不得连批连改。”“精心批改。对作业中反映出来的倾向性问题应有记载和分析。要有批改日期，评定等级等，作文要疏通句子，改正错别字，要有眉批、尾批。对错题及时督促学生更正，并讲解。”对成绩考核和评定的规范也很细致，如“认真评阅试卷和讲评。阅卷和讲评都要及时，提倡考后第二天发还试卷并在考后三天内安排讲评。讲评内容应包括肯定成绩，指出错误，分析产生错误的原因，帮助学生总结规律，加深对知识的理解。讲评要突出重点，兼顾一般，提倡学生进行自我评价”等。

为了效率的实现和统一体系的维护，今天的中小学校在教学运行上常常依靠“科层化”管理。科层制建立在上下级之间的权力压迫上，它强调统一和服从，不允许科层个人随意扩大行动的阈值并表现出所谓的“能动性”，行为过程被简化为一系列的命令——服从过程，管理部门和学校、教师之间存在的是一种单向权力管制关系。这种管理思维在人性假设上把教师当作“经济人”：没有什么雄心，不喜欢负责任，宁肯被别人指挥；对组织和集体的目标不关心；缺乏自制能力，容易受他人影响等，在实践操作中倾向于迷恋“行政权力主导”的管理理念。所谓行政权力主导，“即行政权力泛化于学校管理的一切活动中，它具体表现为组织目标的行政化，组织结构的科层化以及决策的权威化，执行的程序化，控制的规范化，反馈的形式化，标准的行政指标化”。①

行政权力主导下的学校、教师都成为了行政组织的附庸。在这种管理理念下，学校的教育教学成为按照已定程序完成既定指标的一种活动。教师的任务就是被动地接受和服从政策的安排，而政策制定者在制定政策时所考虑的唯一维度就是学校工作的有序运转和发展目标，教师的个人利益被学校需要所取代，教师的专业发展被刚性条款所禁锢。教师的内在要求和工作热情被学校的规范运作与领导者拟定的发展目标掩盖了。“一方面，规范化的教师政策形成了一定的管理秩序，但是另一方面，把法规条例极端化运用，严密监督、严格控制形成‘铁的牢笼’，造成了强制性学校气氛和学校组织内部的疏离以及个性的丧失与奴化性格。”②

美国管理学家麦格雷戈（Douglas MC Gregor）把基于“经济人”人性假设的管理理论统称为“X 理论”，并在“自我实现人”的人性假设基础上提出了相对应的“Y 理论”。麦格雷戈认为，就像剥夺人的生理需要，会使人生病一样，剥夺人的较高级的需要，如感情上的需要、地位的需要、自我实现的需要，也会使人产生病态的行为。人们之所以会产生那种消极的、敌对的和拒绝承担责任的态度，正是由于他们被剥夺了社会需要和自我实现的需要而产生的疾病的症状。因而迫切需要一种新的，建立在对人的特性和人的行为动机更为恰当的认识基础上的新理论。麦格雷戈的“Y 理论”认为：“人并不是天生就厌恶工作的，工作对人来讲就像娱乐和休息一样是很自然的；外来的控制和惩罚并不是促使人努力工作的唯一方法，人对于自己所参与的目标是能够做到自我控制、自我指挥的；个人的目标与组织的目标没有根本的冲突；只要条件适当并受到适当激励，大多数人是会去主动追求责任，并发挥能动性和创造力的，逃避责任不是人的

---

① 丛文君．教师权力主导：学校管理的新理念［J］．淮北煤炭师范学院学报（哲学社会科学版），2006（5）：148－151.

② 孙玉丽．中小学校需要什么样的教师管理政策［J］．辽宁教育究，2005（10）：61－64.

天性。”①

教师作为有较高素养的知识分子，其自我实现的愿望本来就很强烈；而教学工作的复杂性、情境性更需要教师不断去主动求索、创新。因而，在教学管理上应为教师主体性的发挥创造条件，使管理理念从“行政权力主导”向“教师权力主导”转变。所谓教师权力主导，是相对于行政权力主导而言的。“行政权力主导”管理理念的实现依靠的是非教育教学及相关的行政权力，其主体是各级各类管理机构的“干部”（包括领导和职员）。“教师权力主导”管理理念建基于教育教学及相关的专业或学术权力，是专业自治的表现，其主体是学校的教学和研究人员。它具体表现为组织目标的教育化和学术化，组织结构的专业化，决策的团体化，执行的自主化，控制的灵活化，标准的多元化。“教师权力主导作为一种学校管理理念主要表现在以下几个方面：实施校本管理，学校管理自主化；面向学术权力，管理即服务；建章立制，实施常规管理和自动管理。”② 可见，教师权力主导的管理理念的现实诉求就是要把教师从唯命是从的处境中解放出来，要让教师面对政策、方法时能有自主的思考和选择。

一、从管理行政化到“掌舵式”管理

“每课时字数规定，语文300字以上，其他各科200字以上，少于以上规定字数的算不合格备课。”“不得同时使用两个作业本交叉作业，不得连批连改。”“上课期间不许喝水、吸烟、坐着讲课或趴在桌子上讲课。”

首先，从字面看，很多学校的教学管理制度条款里边最惹眼的字词就是“规定”“不得”“不许”等，它们意在告诉教师，在教学中该怎么做，

---

① 吴志宏．把教育专业自主权回归教师——我们需要什么样的教育管理［J］．教育发展研究，2002（9）：34－39.

② 丛文君．教师权力主导：学校管理的新理念［J］．淮北煤炭师范学院学报（哲学社会科学版），2006（5）：148－151.

不该怎么做。其次，从内容看，不好的教学管理制度涉及了教案字数、作业批改方式以及上课的姿态等，可谓面面俱到。那么，这样“考虑周到”的管理制度究竟会带来什么呢？乍一看，似乎是在指导教师的教学行为，为教师着想，再仔细思量，就觉得有些不对劲：难道规定字数以下的课程教案都不是合格的教案？难道只有用一个作业本才能巩固知识？难道只有站着讲课才能完成教学任务？与其说这是教学规范，不如说是对教师专业自主权的漠视和践踏。

美国当代社会学家利伯曼（M. Lieberman，1956）曾指出了专业工作的八项特征：“提供独特、明确、重要的服务；运用高度的理智性技术；需要长期的专门训练；从业者无论是个人还是集体均具有广泛的自律性；在专业的自律范围内，直接负有做出判断、采取行动的责任；非营利、以服务为动机；形成了综合性的自治组织；拥有应用方式具体化了的伦理纲领。”① 其中，在专业的自律范围内，直接负有做出判断、采取行动的责任尤其重要，它是专业人员开展工作的前提。责任是和权力相对应的，要直接承担起相当的责任，专业人员就必须拥有足够的自主权力。“所谓专门职业，不管怎样界定，其中很重要的一点，就是在自己的工作范围内拥有较大的专业自主权。”② 教师是专业人员，在20世纪就已得到人们的普遍认同，因此，教师拥有真正的专业自主权毋庸置疑。具体来说，教师的专业自主权力体现在两方面：一是外在自主权，教师能够在外部压力和外部控制中获得独立、自由和权利；二是内在自主权，教师对自身主观现实或内心世界的自主，教师能够合理地利用自己的能力，发挥个性并能开发潜能，自觉地实现自己的发展目标。在教学实践中，教师只要不违反相关法律，在保证实现教学目的的前提下，拥有对教学过程及其环节的决策权，

---

① 教育部师范司．教师专业化的理论与实践［Z］．北京：人民教育出版社，2003：34.

② 吴志宏．把教育专业自主权回归教师——我们需要什么样的教育管理［J］．教育发展研究，2002（9）：34－39.

编写教案、布置和批改作业、选择上课方式等都是其决策权所包含的具体内容。今天，建立在行政隶属关系基础之上的学校管理体系中，教师被看作实现行政目标的一分子，只不过是遵从既定规范的普通职员。教师被当成了政府公务员，时时刻刻受到行政组织规则的外在控制。这种控制无视教师专业性质，无视教师工作的独立自主性，其结果是产生过多的、不合理的控制和干预，使教师的个人尊严受到伤害，权威性受到挑战，选择的自由度下降，从而让个体独特性无法在教学中体现。

教师群体是一个具有较强自控能力的群体，而教育对象的复杂性和教育环境的多样性，更要求教师在工作中必须富有灵活性、创造性和自主性。“教师权力主导”管理理念的贯彻首先需要教师有自我管理的意识，需要教师养成对个体在职业中的行为及相关活动进行自主决策的习惯。教师主体意识不是以往“规定”式的管理方式所能产生的，它的形成需要一种支持教师自我“控制”的管理方式。“政府的职责是掌舵而不是划桨——政府并不善于划桨。”① 教师需要的是一个能够把政策制定（掌舵）同直接干预（划桨）分开的政府（学校管理体系），是“掌舵式管理”，而非“划桨式管理”。学校管理者的职责并不只有一种，即尽可能地规范教师的教学行为，把他们所认为的能构成教育过程的种种意识和方法强加给教师，而是还有其他很多职责，他们应该明白，教育过程不仅仅是执行的过程，更是再生产和再创造的过程。因此，“掌舵式”方式要求学校管理者在日常的教育管理工作中彻底改变管理方式和行为。一是把严厉的管束变为对教师的理解和信任，把过分的控制变为更多的交流和对话，不是刻意压抑教师的教学个性，而是想方设法扶植多元化的教学，尽可能鼓励教师按自己的认识方式去体验教育，创造性地实践教育和改造教育，鼓励

① 戴维·奥斯本. 改革政府：企业精神如何改革着公营部门［M］. 上海市政协编译组，等，译. 上海：上海译文出版社，1996：1.

有教学创意的教师脱颖而出。二是把单一的、外控式的“检查”变为主动的服务，如制定更科学的教学规则；提供更多的教学资源；制定更实际的学校发展规划；设计更可行的教学评估方案；提供更大的教师发展空间等。三是唤醒教师个体的自我反思意识，使之养成主动的反思习惯，形成良好的反思和重建能力，具备在“规范”中守护个性自由的智慧。因为，教育作为公共产品，对其进行一定的规范、管制既符合国家的利益，也是保证公民受教育权益的举措。教师教学主体性的回归，除了让社会、学校赋予教师必要的主体权利之外，还需要教师能在尊重规范的同时超越规范，在规范中寻找自由。

二、从管理集权化到专业组织建立

“根据《××市教育改革方案实施意见》，为贯彻《××市初中、小学教职工工作量化管理与实行结构工资制改革方案》《××中心学校教师聘任实施意见》等相关文件的指示精神……特制订本方案。”

在当前我国学校所制定的各种规章制度里，一般开篇就是这种条款。从表面看来，这或许只是学校制定管理制度的一种形式，实质上，这种形式的背后潜藏的是管理集权化的幽灵。

“行政权力主导”理念下的学校管理以科层体系为基础，以“命令—服从”为方式，它确定内部鲜明的等级秩序，强调上级对下级的绝对权威。在难以胜数的中小学所制定的管理制度中，最显眼的就是“根据”“贯彻”“指示”“精神”一类的字眼。这些字眼不仅仅是制定规范的格式需要，更主要的是从字里行间所显现的“上—下”集权化管理方式。对一所乡镇中学而言，学校管理制度的制定首先要遵循的是市、县以及乡镇中心学校的指示或精神，而不是考虑本学校的实际情况和教师特点。究其原因，即“行政权力主导”的管理方式建基于下级对上级命令的服从。这种学校管理方式喜欢凭借上级行政权力的“威力”来驱动下属的工作积极性并随时进行监控，它过多地强调教师作为客体的价值，而忽视教师作为主体的价值，并习惯于从外部向教师做出规约，在实践中常热衷于名目繁多的检查和评估。教育中的集权化管理的局限是显而易见的。

首先，教师主体性失落。在单向行政关系中，学校同国家及上下级之间的关系，以及学校同教职工的关系都是从上至下的，学校、校长、教师都被纳入了国家行政序列。学校实际上是国家行政组织的延伸和附庸物，每个学校都必须无条件地服从国家及“上级教育部门”的管理，执行“上级教育部门”的指令。学校在遵从上级指令的前提下，也为教师的教学工作及课堂行为制定了严格的标准和规则。这样一级一级地管理、控制，教育行政部门通过政治压力和行政强制等手段保障了下级对上级的必要服从，并通过这种服从模式来预防和制止下级及一般成员的“越轨”行为。在这种权力高度集中，追求下级与上级、个体与单位行为一致的教育管理体系中，作为教育实体的学校成了国家意志的执行机构，而作为教育教学主体的教师则沦为社会的喉舌、政府利益的代言人。

其次，教师能动性的衰竭。随着教师作为教学主体的地位的被剥夺，其主人翁意识在教学中逐渐麻木。这种麻木具体表现为在教学方法上能动性的衰竭和惰性的日生渐长，更为严重的是，长此以往，教师不仅习惯于这样的生活，而且会自我满足，从而缺乏和丧失自己的求新动机和自主行为。

“教师权力自主”管理理念的真正实现需要确保教师的专业自主。“一般认为，教师的专业自主是指教师或教师团体，在其专业规范下，依其专业技能，对其专业任务或工作，可享有专业判断，即自由执行不受非专业成员的干预。”① 国内教育法专家劳凯声教授认为，一种职业要建立其专业地位，一个重要的前提是它必须“具有保证该专业活动顺利进行所必需的

① 姚静．论教师专业自主权的缺失与回归［J］．课程·教材·教法，2005（6）：70－74.

专业自主权和专业组织。”① 专业自主和专业组织是互为因果的关系，两者缺一不可。有专业自主权，才能建立相对独立的专业组织；而拥有一定权力的专业组织反过来又是维护专业自主权的“保护伞”。目前，不少大学都建有以教授为主体的学术委员会，在处理有关教学与科研方面的事务中发挥了重要作用。与大学相比，中小学在教师专业组织建设方面非常欠缺，尽管有各科教研组，但实际上教科组的权力很小，所涉及的事务也仅限于听课评课等教研活动，所起的作用不大，有的甚至形同虚设。因此，建立中小学教师专业组织（如教学仲裁委员会），并赋予其自治权显得非常必要。中小学教师专业组织的权力应包括课程安排、教材选择、教法和教学水平的评鉴、师德师风标准的制定和判定权等。学校应该将权力下放，让教师专业组织发挥它应有的职能，树立专业组织的权威性，这样才能发挥教师的专业自主权。当然，教师专业组织自治并不等于学校教学管理的无政府主义，它的实质是代表教师整体利益的“民间团体”与代表国家利益的学校管理者之间的“权力博弈”，它的目的是要在教师教学自主和国家控制之中寻找一个“平衡点”。“自由即是自由行动者（个体和社会）在一种自律与他律之中的自我实现。”② 教师在教学活动中通过专业组织的自律和学校管理部门的他律，在“自由”与“责任”、“权利”与“义务”之间寻求适宜的张力，从而让教学专业自主权得到充分而合理的保障。

三、从管理模式化到多元化的校本管理

“教师应把集体讨论的内容加以消化整理，在此基础上修改个人备课，提前一周写出分课时教案，内容应有：课题、教学目标和要求、重难点、

① 劳凯声．教师职业的专业性和教师的专业权力［J］．教育研究，2008（2）：7－14.

② 许兰凤．自由在契约论伦理思想中的有机统一——从卢梭到罗尔斯［J］．学术交流，2007（9）：9－12.

教学方法、教具和学具、教学过程、板书设计，课堂小结，巩固复习。”“批改作业的基本要求是：坚持教师批改—学生订正—教师检查—课堂讲评。”

这样的条款，也是很多中小学教学管理制度中经常出现的，这些条款既给出了一个合格教案的样本：具体内容及其先后顺序；还拟出了一个作业批改的固定模式。样本、模式无疑给教学管理带来了便利，却无形中扼杀了教师教学的多元性。

具体来说，“行政权力主导”的学校管理追求权力集中，而集权意志要在一个庞大的统一体系中加以贯彻并实现预期的效率，就必须依靠统一的规则、规范做基础，采取“运动式”的统一行动来施行。在具体的操作中，为了让上级工作意图容易贯彻，它往往制定出“放之四海而皆准”的规章制度。各学校要有统一的课程安排，各教师要有统一的教学进度。其余像同年级同学科组的教师备课和上课必须做到教学目标统一、内容统一、方法统一，有的学校甚至连教案的结构模式都要统一。“统一”造成了学校组织的规范严密，使学校、教师在平时的工作中容易找到行动的依据，规定的工作目标容易达到，从而带来了管理的高效率。然而，“各种机械划一的规定，各种用同一把尺去衡量不同背景和环境的学校的做法，其结果只会消除教师对自身工作的思考、探究和创造，教师的教学只会更加被动，更具依赖性，更加缺乏个性和想象力”①。除了在教学管理上用各种统一要求，以求教师教学工作达到标准化外，“行政权力主导”的学校管理还喜欢以“运动”的方式来实现教学方式方法的普及。某种局部地区，某所学校甚至某个教师的教育教学经验一经发现，教育管理部门先以文件下达通知，然后在统一的时间里进行统一的集中学习和效仿。在各种

① 吴志宏．把教育专业自主权回归教师——我们需要什么样的教育管理［J］．教育发展研究，2002（9）：34－39.

“运动”的轮番轰炸中，教师们频频得到“洗脑”，从开始的无奈接受某种模式、套路到后来的主动模仿再到最后的对已有模式、套路的依赖，教师从被动消费者蜕变为对时髦、潮流的盲目追逐者。局部性的、情境性的方式方法，经过自上而下的“运动式”推广，就会流行为一种新的教学时尚。在时尚面前，管理者忽视了教学的多元性，教师忘记了方式方法背后的个性。

“如果教师要对自己的行为负责的话，那么他们的行为必须是自由、自愿和自觉的；如果他们的行为是被迫的，他们就不应该对自己的行为负责。”① 教师行为的自由、自觉不是外在赋予的，它们以教师拥有足够的行为权力为后盾。教师的行为权力直接来源于学校，只有把中小学校从单向行政体系中解放出来，使之从国家行政组织的附庸物转变为权力主体，教师教学个性的解放才有可能。学校要成为权力主体，必须真正施行校本管理。校本管理是20世纪六七十年代世界教育改革的产物，它反映学校管理的任务要根据学校自身的特点和需要来决定。校本管理主要是强调教育管理权和教育管理重心的下移，把中小学作为决策的主体，运用分权、授权、协作、团队等组织行为学的原理和技术，来构筑学校与外部（上级主管部门、社区等）及学校内部（校长、教师、学生等的相互关系）的新型关系。上级教育行政当局不再直接干涉学校的教育权，学校成员对其内部事务有一定的决策权，并要求对自己的活动负责。对教师而言，校本管理是给予教师以职权、职责、信息、自由、自主、支持和资源的一种实践，而这些是教师履行那些通常是管理者的责任时所需要的，也是教师教学行为自主的保证。校本管理的践行，要改革现行的校长负责制，把学校的教职员工以工作性质相同或相似划分为若干小组，如各科教研组、后勤组、党工作组等。再以小组为单位选出一名或多名代表作为该小组的组长。再

① 石中英．教育哲学导论［M］．北京：北京师范大学出版社，2002：27.

由各组组长组成校决策委员会成员。校决策委员会相对稳定，它是学校的最高决策机构。校长由各组组长选举或轮流产生，并有一定的任期。校长是方便联系上级机构和社会各方面的学校代表，是决策委员会的主席，同时也是执行决策的最高专职人员，但他只具有决策的一部分权力。组长必须代表小组成员的意见，有一定任期。师生员工可以通过各种形式公开评议或在一定程度上否决校长或各组组长的意见，可以自由地表达自己的见解，为自己的个性行为进行合理的辩解。

没有规矩，不成方圆，一定的学校管理制度是非常必要的。关键在于，学校管理制度制定的依据和出发点是什么。是依据上级指示，实现上级规定的目标？还是考虑学校的实际情况，激发教师的积极性和创造性？对于富有艺术性和情境性的教学活动来说，要激发课堂活力，提高教学质量，更多地要依靠教师个体的自主性和灵活性，要依靠教师教学个性的充分发挥。因此，理想的学校管理制度应该以学校成为权力主体为前提，以促进教师“自我”的适当解放为其旨趣之一。

第三节　评价制度革新与教师“自我”的解放

对效率、功利的过度追求是当今制度化教育的一大特色。制度化教育将人才培养之效率与生产效率等同，把教育办成了加工流水线，整个教育体系关注更多的是让受到不同程度教育的人在结束教育后能成为社会所需要的，掌握或形成了一定知识、技能的“政治人”“经济人”，然后在相应的岗位上，为维护现有社会体系而“贡献”个人的力量，同时获得个人“梦寐以求”的报酬。因此，置身于这个教育体系中的教育者和受教育者无形中形成了这样一种逻辑：“一定的教育水平应有其相应的和有保证的专业水平和酬劳，因为能够进入这个教育体系的人有限，而且还因为人们认为教育是一项艰苦的，甚至是厌烦的工作，它之所以使人感兴趣不在于它本身能得到什么结果，而在于他毕业以后一定可以得到相应的收入。”① 要考察学校教育是否完成了社会所赋予的任务，要判定一个受教育者是否成为了社会所期待的“人才”，就必须建立相应的教育教学评价体系。“教学评价是依据一定的教育价值观或教育目的，运用可操作的科学的评价技术和手段，通过系统地收集信息、资料，分析、整理对教育活动、教育过程和教育效果及影响教育效果的诸因素做出的价值判断，从而不断改进教育措施或为教育决策提供依据的过程。”② 作为教育教学中的一个重要环节，教学评价以一定的评价目的、评价内容、评价手段来实现对教学的导向、鉴定、激励、改进和管理等功能。教学评价是一个完整的体系，评价目的的取向决定了评价内容的选择，而不同的评价内容又需要采用相应的评价手段，最终实现预期的评价功能。

制度化教育的高度功利化，也给其教学评价体系染上了数量化的色彩，而教学评价的数量化，又使教育教学活动异化为脱离个体生命实践的纯粹“劳动”。总之，制度化教育下“学校和教师作为一种教育体制的代表，体现教育过程以外的社会意志。”③ 在完成数量化的教学目标时，教师所要做的就是把预设的知识、技能传授给学生，使学生成为社会所需要的“经济人”“政治人”。它的数量化评价使学校教育就像一条完整的生产流水线，它将受教育者视为可以加工的“物品”，而教师则变为按固定程序来完成“物品”加工的“机械工”（按外在要求把知识塞给学生）。“物品”要加工成什么样的产品（如同经济人、政治人），需要经过几道工序（如同教学的过程和教育阶段的划分），每道工序要达到哪些指标（如同成绩、分数），产品是否可以合格“出厂”（如同能否通过中考、高考）等，

① 联合国教科文组织编著．学会生存——教育世界的今天和明天［M］．北京：教育科学出版社，1996：11.

② 孙俊三．教育学原理［M］．长沙：中南大学出版社，2001：424.

③ 陈桂生．教育原理［M］．上海：华东师范大学出版社，1993：75.

都有明确而统一的安排。在这样的教育体系下，教师和学生都被抽象成为一个没有个性、没有需要的物化的整体。“师生之间交流的仅是知识和技能，较少有情感的交流和沟通。教师呈现在学生面前的只是‘半个人’，而学生呈现在教师面前的人也只是‘半个’而已……”① 教师作为社会职业者在课堂中展示的只是工具性角色的一面，“情感角色”被遗忘，从而导致教师生命本真的歪曲，教师的情趣、爱好、个性等被严重遮蔽。

课堂中的教师有双重任务：教书与育人。“教书的职责规定教师与学生分别为工具性角色，师生之间的交往为‘事本主义’的联系，教师对学生采取距离相等的‘普遍主义’态度……育人的责任则全然不同，育人要求师生之间有亲密的充满情感的关系，即‘情感角色’……”② “教学不是输入、处理、而后再输出的技术过程。”③ 课堂应是人生体验的场所，作为实践活动的教学，不仅需要教师以社会角色的身份出现，更需要教师真实的个体生命体验，需要教师把个人的情感、态度、世界观、人生观、价值观与教学内容融合统一。要让生命个性在教学生活中得有充分的释放，需要评价方法从终结性向过程性转变，从衡量掌握知识多寡的定量评价向促进个性发展的定性评价转变。教学评价应看到学生生活品位的提升和作为个体生命的成熟成长，应看到教师在教学中对自我的不断超越，对独特性、创造性的不懈追求和努力。这种评价体制对教师和学生实施以尊重评价对象为前提，以促进评价对象不断发展，从而不断满足自我实现需要。一方面，通过建立发展性学生评价的科学运行机制，能够有效地发现和发展学生的潜能，促进全体学生的全面主动发展，并对学生创新素质和实践能力的提高产生积极的显著效果；另一方面，能够有效地发掘教师的潜

---

① 刘宣文．论未来师生关系的人本主义趋向［J］．课程·教材·教法，1999（6）：37－40.

② 吴康宁．课堂教学社会学［M］．南京：南京师范大学出版社，1999：74－75.

③ 马克斯·范梅南．教学机智——教育智慧的意蕴［M］．李树英，译．北京：教育科学出版社，2001：140.

能，提高教师的业务能力和创新素质，激发教师对教学生活的热爱以及对美好职业人生的憧憬和追求。一句话，质的教学评价体系不仅关注社会的公共目的，更应把师生的个人幸福纳入考虑的范畴。这不仅是学生的快乐成长的需要，也是教师专业发展新理念所发出的呼唤。

一、从评价目的的社会至上到重视个体需求

教学评价目的是施行评价所要达到的主观意愿或旨趣。制度化教育以为国家、社会提供合格“人才”为宗旨，学校是社会专门设立的“工人”生产基地，学校教育只不过是社会的工具。因此，作为由国家高度控制的教育体系，制度化教育下的教学评价无疑也是为国家、社会利益服务的。国家制定有针对性的评价标准、建立健全专门的评价机构，形成从上至下的完整缜密的评价体制，发明或采用各种各样的评价方法，都在于提高学校教育的效率，以期为整个社会提供更好更多的“人才”。在这个大前提下，国家、社会的代理者政府成了唯一的评价主体，牢牢地把握着评价大权，教师、学生处于一个严密监视的境地，被置于一个由国家、社会所制定的共同的标准或常模之下，并随时接受评价者用其认可的某一种价值观的评判。这种一元化的价值观体现的是评价者的利益，作为被评价者的广大师生，则处在评价范围之外，处于无权的地位，因而其个体的主观诉求往往找不到表露的机会和途径。

质的教学评价的旨趣之一是“人”的回归。“我们的课堂不能再只是被视为教师施展其制度权力的封闭式空间了，而是应把它看成教师与学生共同生活于其中的文化场所，是其生命潜能的释放与升华的地方……”① 重视社会本体目的的教学评价着重于教学的结果，从而使教师在满足外在的要求时失去“自我”并沦为社会的工具。质的教学评价体系并不否认教

① 吴康宁．课堂教学社会学［M］．南京：南京师范大学出版社，1999：259.

师的制度角色，但它强调作为人的教师在“育人”过程中应发挥应有的灵活性和情意性，使教师角色的工具化转向角色的人格化，这样才能避免“育人”的机械化，才能让“人”再次回归。“现代社会是一个由私人生活、民间（或市民）社会、国家生活所构成的两层次三界域的社会结构。这两层次三界域结构相互之间有恰当的张力，但彼此又并不绝对对立与拒斥，相互间以一种张力中的和谐构建起现代性社会的基本结构。”① 作为国家生活的一部分，教学活动要求教师以一种特定身份（园丁、工程师）参与教学过程并履行相应的职责；而同时，教学活动也应该是教师私人生活的重要形式，它需要教师以本真自我投身其中并活出自己的本色。

二、从评价内容的知、能至上到重视师生情、意

评价内容是教学评价的载体，是实现评价目的的工具。为社会选择所需要的政治人、经济人的评价目的决定了制度化教育下教学评价的内容。是否认同了某种政治思想，是否掌握了某些实用知识，是否形成了某项所预期的技能，成了衡量教育产品是否合格的依据。而为了更精确地测量出预设知识、技能的掌握程度，评价者采用了一种严密的数量化评价手段——考试。各种正式考试把知识、技能简化为各种可见、可操作的数字，用分数、排名、升学率等作为评价师生教学质量的主要参数。这种知识、技能数量化的评价趋势过于强调细化和量化的指标，往往忽视了情感、态度和其他一些无法量化而对评价对象的发展影响较大的因素的作用。就其着眼点而言，它关注的是作为客体的知识而不是作为主体的人。它未能从人的完整统一性出发来看待教学的完整统一性，把教学活动的整体性化为局部性的组成。它迷恋于规范性、可测控性等的技术性数字评价，把情感、个性等难以被量化的部分拒于评价之外，割裂了教学与师生

① 李江源．论我国社会转型过程中的教育制度推进［J］．教育理论与实践，2002（8）：1－6.

整体发展之间的内在联系。不仅忽视了学生的情感、兴趣、个性的养成，对教师的关注也仅仅局限于知识的拥有量及其传授知识的方式上，抑制了教师个体生命情意、价值观念等在教学活动中的发挥。

现象学教育学认为，教育教学是教师与学生的人生实践，而不是简单的认识活动。教师的教学并不是置身于生活之外去冷静地观察、分析和认识，而是直接以人生实践的方式参与到教育教学生活之中去。教学活动当然要通过知识、技能的掌握来培养社会所需要的人才，但这不是教学活动的最终旨趣，教学的真正目的在于个体生命意义的生成，在于个体生命的健康成长。这就要求师生打破“认知”独霸课堂的局面，给生命体验应有的位置。体验是“一种注入了生命意识的经验……是一种内化了知识经验、个性化了的知识经验”①。通过体验，教师在融入了主体生命情怀的教学活动中，和学生一起与作为类主体的教学内容展开对话交流，在发现美、创造美的过程中实现个体人生观、价值观、审美观的充分解放，在人与世界万物的交融中得到个体生命价值的展现。

三、从评价功能的管理至上到重视师生发展

评价功能是教学评价在实施过程中所取得的客观效果。评价想要什么效果？能达到什么样的效果？这些问题的答案都是由评价目的、评价内容等决定了的。制度化教育的评价旨在为社会服务，使得教学评价更多地表现为对社会功能的重视，即教学评价只是作为规范师生行为的工具系统出现。这种规范与社会功利相联系并只限于对师生行为的约束，以实现对社会和学校秩序的建立和维护，因而其管理控制的功能更为明显。教师与学生在教学评价过程中以被动地位和消极作用使教学评价此时并不具备教育诊断等功能，而只具有管理的力量，而且一旦知识的传承与教学主体的发展出现矛盾的时

① 孙俊三．教育过程的美学意蕴［M］．长沙：湖南师范大学出版社，2005：202.

候，教学评价就会由管理的力量转化为制裁、惩戒的手段，从而完全忽视了教学主体在其中的主导地位和能动性。而评价内容的数量化，使得这种单一价值取向的教学评价强调以量化的方式描述、评定学生发展，把复杂的教育僵化、简单化和表面化，此时评价所追求的是学生掌握了多少知识，学生掌握了什么样的知识，学生掌握知识的程度如何，而不是学生本身的发展状况如何，学生发展的全面性、差异性、个性及努力进步都被泯灭在一组组抽象的数据之中，导致学生的发展片面而短暂，变成考试的机器。对教师而言，教学目标被简化为各种可见、可操作的数字，分数、排名、升学率等成了个体从事教学活动的唯一目标。在教学评价量化的同时，教师个体沦为数字的奴隶而陷入功利主义的泥潭，教师个体蜕变为一种工具性的存在。而评价者对教学评价的实质和意义认识的局限，从而出现了搞教学评价主要是为了区分教师的水平高低或工作好坏，把教学评价作为管理教师的手段，把评价结果作为发奖金、津贴的依据的单纯做法，挫伤了教师工作的积极性和主动性，限制了其创造性的发挥。更为可怕的是，教师工作变成了单调的重复性的简单劳动。这既使学校失去了本原的教育意义，也使教师工作由于单调、缺乏挑战而失去吸引力，教师厌教的心态严重。

传统制度化教育下的教学评价因为只追求社会功能这一个向度，结果造就了单向度的人，处于教学过程中的师生失去了人格完满和人性的丰富，自然不是自由的、和谐的、发展的人。评价功能向师生个体发展靠拢，意在用智慧来点燃知识和技能，再用生命意义的生成来统帅整个教学生活，用生命个体此在对丰满圆融的追求来引领教育教学的旨趣。这样才能让生命真正回归教学，让个体在教学生活中找到诗意的栖居之地，从而不仅使学生能按期个体的特性成长，也使教师能以一个有个性的人的身份出席于课堂并不断获得人生的进步与完善。要实现以上目标，教学评价就既要发挥对教育活动进行导向、监控、调节和鉴定等社会管理功能，在一定程度上保证社会前进所必需的教育教学效率，同时，也必须充分尊重个性生命，应当为生命之花的自由绽放服务，为人的本质意义如自由、自尊、自信、梦想、激情、人格精神等的日生月长提供一片沃土，使生命自由地、无羁束地、和谐地发展，最终造就自由发展的生命主体。

四、从评价方式的共性化到个性化

因为学生为数众多，要完成对所有学生的控制目标，学校和教师不得不根据共同的教育方针、目标、内容、规范等要求，确定普遍适用的评价指标体系，选择那些“放之四海而皆准”的知识原理作为统一的评价内容，然后对学生实施共性化鲜明的测验。所谓“共性化评价是指对某一教育群体或其中的个人或个体，实现或达到统一的共同的教育目标，教育教学水平，人才规格、标准和素质等要求的状况、程度、结果等的评价”①。而为了顺利对学生进行精确鉴定并便于比较，学校或教师把通用的评价指标细目化和层次化，并给每个具体方面赋予一定的权值，明确其在指标体系中所占的分量；同时，采用统一的纸笔测验，给笔试所涉及的各个知识点分别给以相对等的分值。最后，教师根据试卷内容制定一份“标准答案”，以便于在考试后按照“标准答案”给学生的回答打分。而所得分数又成了教师给学生鉴定的客观依据，于是实现了教育评价的控制功能。

每个人都是独一无二的，要让学生真正能够主动自由发展，充分发挥其潜能，就必须去除传统教育评价那种高度统一标准、一刀切的方式，适度采用个性化的评价方式。“个性化的教育评价，就是对评价对象的个人、个体现象的个性化特征或学校的特色做出价值判断。”② 既然学生个体的特征是个性化的，其所体现的价值自然就不能与普适性的外在价值相提并论，而是一种基于主体与情境的“内在价值”。“所谓‘内在价值’

① 王景英．当前教育评价中几种关系的理论思考［J］．东北师大学报（哲学社会科学版），2003（5）：119－124.

② 同上。

(intrinsic values),是指对人或者事物的自身价值或重要性的判断。"① 这种价值是主体性和情境性的,因此,不能采用传统的使人"物化"的精确性数字测量,而应该实行适度的"模糊化"评价。"模糊"的表现有两方面:一是淡化了教师与学生之间的鉴定与判断关系,二是评价成为自然学习环境的一部分。建基于教学情境之上的欣赏性评价表现出了"模糊化"评价的以上特征。"所谓'欣赏'(appreciation),是指在特定情境中对事物或人的直接经验或体验,这是一种'生动的感觉'(realizing sense),有别于以符号等为媒介而获得的间接经验。'欣赏'即是对人或事物实实在在感受到、体验到的'价值',是理智判断和情感认同、接受的融合。"② "欣赏性评价"是一种"内在评价",是一种与教学生活融为一体的"无意识"评价。它更注重对学生个体在原有基础上的发展进行及时的肯定,并激发学生进一步发挥个体的潜能,而不是片面强调个体之间的横向比较,给学生分为"三六九等",让一部分学生"抬不起头"。

在档案袋评价的具体操作中,针对每个学生制作的档案袋内容,师生共同协商并组织班级小组讨论,师生始终处于一种和谐融洽的氛围里,学生个体的成长与发展带给教师的不是抽象后的等级高低与优劣划分,而是直观可感的美好图景。学生通过参与评价,不但知道了自己的独特价值,也发现了其他同学的闪光点,因而"既认识到自己是'最可宝贵的',又认识到别人也是'最可宝贵的'"③。学生与教师、学生与学生之间长期处在互相赏识的心理场域中,油然而生一种超越功利之上的"英雄惜英雄"的审美情愫。

---

① 李雁冰. 关于素质教育评价的理论问题 [J]. 教育发展研究, 2009 (24): 26-31.

② 同上。

③ 李雁冰. 主体性教育评价观应是"自我接受评价" [J]. 教育研究与实验, 1997 (3): 10-13.

第四章　课堂教学改革与教师教学个性生成

课堂是完成教学的最主要场所，自然也是教师展现“自我”的最好舞台。从横向角度看，课堂存在于一定的空间，由很多要素构成：教学主体、教学内容、教学环境等，而教师教学个性就是教学主体在一定的教学环境中，解读、开发教学内容而产生。环境既是客观存在的、预设的，同时受到了主体的影响，随着师生的教学活动开展而不断出现新的情况。而新情况的出现又迫使教师对课堂教学的其他要素做出调整，即所谓随机应变，正是这种临场的应变，教学的创造性实现，教学个性生成。从纵的方向看，课堂由时间构成，在一定的时间范围内，教学活动的开展总是体现为按先后顺序出现的过程与环节。当然，教学过程不是教与学在时间维度中的简单呈现，它的背后隐藏着哲学、教育学、心理学等学科的理论支撑，在理论指导下，无数的教师即时行动才组建出一堂完整的课。教师如何采取即时行动，采取什么样的即时行动，这些不仅关乎课堂教学任务的完成，更关系到课堂环节的具体构造，关系到教师以何种状态存在于教学活动的始终，其结果同样影响了教学个性的生成。

第一节　教学模式演变与教师教学个性的生成

教学模式的产生是教学活动中各要素相互关系的结果。以教学活动各要素的二元对立关系为基础的教学模式，在此消彼长、你进我退中左右摇摆，而教师始终是以纯粹的社会代言人身份出现，教师教学个性受到抑制。以教学活动各要素的相依相存关系作为教学模式建构的哲学基础，其实质就是在教学活动中实现个人发展与社会要求的统一，达到个体知识与公共知识的相交相融，最终实现教师自我与角色扮演的合而为一，以促使教师教学个性的生成。

教师教学个性是教师“自我”在教学活动中释放与生成。具体来说，“教学个性不是简单的哲学视野下的‘与众不同’，也不只是心理学视域下的‘个体性格、情感的体现’，而应该是在兼顾两者的基础上，以凸显教师‘人性’为旨趣，以在教学中展现教师‘自我’为中心，把教师工作的‘社会性’与‘个体性’融为一体，把教师作为人的主体性、创造性、独特性与一般教学规律相结合，把个体情感、价值观和教学实践融合为一。”① 在教学活动中，教师教学个性体现为三个方面两个层次。第一层次分为教师对课程知识的个性解读与教师对教学方法的创新；第二层次指教师的角色扮演与个体生命实践的统一，即在教学过程中，教师的情感、态度、价值观等得到充分的体现。教学模式是教学活动开展的某种范型，任何教学活动都必须在一定的教学模式中完成。“课堂教学模式客观地存在于每个教师的日常教学中，也就是说，每一位教师的每一堂课都是依照一定的教学模式进行教学设计与施教的。”② 因此，从微观层面看，探讨教师教学个性在具体教学活动中的表现，应该从教学模式入手。

（一）教学模式的内涵解析

教学模式是连接教学理论与教学实践的中介，它是一般理论的初步个别化，同时也是个别实践的初步理论化，“是由教学指导思想所规定的从教学论到教学方式方法过渡的纽带。”③ 因此，教学模式离不开具体的教学

① 黎平辉．唤醒“自我”：论教师专业发展中的教师教学个性［J］．全球教育展望，2010（2）：70－74.

② 郭玉莲．课堂教学模式改革探论［J］．教育理论与实践，2012（10）：57－60.

③ 韩绍欣．教学模式的研究与心理学教学模式［J］．心理学探新，1991（4）：18－20.

方法策略，但它不等于方法，而是一定的方法在特定理论指导下的融合。总之，教学模式是基于教学方法又高于具体方法的教育术语。教学方法的实施取决于教学内容与教学对象的特征，是教师根据不同教学内容与学生所选择的结果。以方法融合为基础的教学模式，其建构同样离不开教学内容、教学对象等要素。“教学模式是指对理想教学活动的理论构造，是描述教与学活动结构或过程中各要素间稳定关系的简约化形式。”① 教学模式的产生是教学活动中各要素相互关系的结果。

1. 教师与学生的关系

作为教学活动中的人，教师与学生的关系是影响教学模式建构的核心因素。不同的师生关系或教师、学生在教学活动中的不同地位，导致了不同类型的教学模式产生。因为强调教师的中心地位，学生则是绝对服从教师的被教育者，于是就产生了以赫尔巴特、凯洛夫为代表的教师主导型模式；因为强调学生的中心地位，教师则是学生学习的辅助者、服务者，于是就产生了以杜威、罗杰斯为代表的学生自主探究型模式。

2. 师生与课程知识的关系

教学内容作为教学活动的载体、依据，它与师生之间的关系，即师生在教学内容面前扮演的角色如何，或者说师生如何对待课程知识也对教学模式的构建有着十分重要的影响。由于强调课程知识本身的认识与传承价值，师生是课程知识的旁观者，围绕“把一切知识教给一切人”的目标，产生了知识传授——接受型教学模式。由于强调儿童生活经验对建构儿童当下生活的重要性，对课程知识的认知转变为了学生基于问题情境的经验重组，因此就产生了生活经验积累与再造的教学模式。

3. 师生个体与社会的关系

个体与社会的关系可以从两方面来理解，一是站在社会发展的角度，

① 钟志贤．新型教学模式新在何处（上）［J］．电化教育研究，2001（3）：8－15.

作为社会成员的个体所发挥的作用；二是站在个体成长的角度，作为外部环境的社会所带来的影响。在学校教育中，个体与国家、社会的关系主要通过教育目的的价值取向来体现，教育目的的社会价值取向强调教育培养社会发展所需要的人，个体是社会发展的工具；教育目的的个体价值取向强调教育促进人的身心发展，社会必须为个体发展服务。持社会价值取向的教育思想，倾向于建构在教学活动中满足社会要求的工具性教学模式；持个体价值取向的教育流派，则倾向于建构在教学活动中满足个人发展需求的目的性教学模式。

（二）二元对立：传统教学模式对教师教学个性的抑制

在人类教育史上，曾经创造了许许多多的教学模式，从赫尔巴特的明了—联想—系统—方法模式到杜威的情境—问题—推理—假设—验证的五步模式，从凯洛夫的教师中心模式到罗杰斯的非指导性模式，各种模式林林总总，变化纷呈，但无论怎样变化，教学模式的建构都是从教师、学生、课程知识等要素的相互关系中寻求突破点。因为受到时代哲学思想、理念的局限，这些教学模式有一个共同特征：以教学活动中各要素的二元对立关系为基础，在此消彼长、你进我退中左右摇摆，始终无法克服由顾此失彼而带来的缺陷。

1. 师生二元对立

以往教学模式大多在教师——学生之间艰难取舍，摇摆不定，要么强调教师权威，注重在教学过程中教师向学生的知识传授，突出教师对学生发展的支配作用；要么强调学生的地位，注重在教学过程中让学生自主探索问题，通过解决实际问题而获取知识，突出教师对学生发展的辅助性作用。

实质上，无论谁成为教学活动的中心，以往教学模式都反映了一个问题：即教学活动的任务是促进学生的发展，教师只是学生发展中的一个外部条件，教师的地位取决于这个外部条件在教学活动中所发挥的作用。

2. 个体与社会的二元对立

师生二元对立的背后是教学活动中个体与社会的对立，教学模式的建构深受教育理念的影响，“教学模式是在一定的教学思想，教学理论的指导下，基于教学活动并在一定环境下，围绕特定教学目标而形成的具有相对稳定结构的、理论化的教学模型或范式”①。不同的教育理念往往导致不同的教学目标与教学流程。以赫尔巴特为代表的、突出教育的社会价值的教育理论，在教学目标上重视根据社会要求培养所需要的人才，因此，在其教学模式中突出教师的社会代言人身份，教师的任务是如何把社会要求落实到学生身上，为了更好地完成这一任务，教师被赋予了一定的角色和地位，学生则成为教师的附庸。以杜威为代表的、突出教育的个体价值的教育理论，即强调学生个体在学校教育中的成长与经验重组，重视学生当下生活的作用，为了在教学活动中保证学生的自主成长，杜威的教学模式把教师的主导作用进行淡化，教师从教学活动中心走向边缘。从表面上看，以学生为中心的教学模式是为了提高学生地位而让教师边缘化，但从更深层面上分析，教师边缘化的实质是教学活动中个体对社会要求的排斥。

3. 师生与课程知识的二元对立

以教师为中心的教学模式强调在教学活动中向学生传授系统的知识，为了提高知识传授的效率，知识经过一定的加工处理，并由自身掌握了足够多的知识的教师来承担传授任务。事实上，由于教育价值取向的社会化，究竟哪些知识可以作为教学内容，这些知识的含义是什么，都由国家事前做出了严格规定，教师要做的，就是在教学活动中按照国家要求把知识传递给学生。以学生为中心的教学模式正是看到了教学内容背后的教育价值取向，因此，为了彻底扭转教育价值取向，该类教学模式在对教师进

---

① 李佩武，李子鹤．论教学模式及其演变［J］．教育探索，2010（8）：33－35.

行边缘化的同时，也对代表社会要求的系统知识做了无情抛弃。儿童经验以及当下生活所需技能取代了系统知识，成了教学内容中最主要部分。

总之，建立在二元对立基础之上的教学模式，在教育价值取向上体现了个体发展与社会要求的对立，在教学内容上体现了儿童经验、个体知识与成人经验、公共知识之间的对立。与之相联系，教师在教学活动中的身份也显现了个体自我与社会角色之间的对立，无论哪种教学模式，都把教师当成了纯粹的社会要求代言人。即在教学活动中，教师只能以扮演的某种角色出现，个体的情感、兴趣、态度、观念等个性化的东西都是与角色相对立的，因此不可能显现于教学活动中。因为把教师看成纯粹的工具角色，所以以教师为中心的教学模式向以学生为中心的教学模式转变，就是否定教师的工具作用，简单地抛弃教师，而不是从个体身份的角度给教师留下一席之地，教师自我找不到栖身之地。

（三）相依相存：教学模式演变下教师教学个性的生成

以相依相存作为教学模式建构的哲学基础，其实质就是在教学活动中实现个人发展与社会要求的统一，个体知识与公共知识的相交相融，教师自我与角色扮演的合而为一。

尽管20世纪中叶以来，不断有学者针对师生对立的教学模式缺陷，提出了在教学过程中师生合作的教学模式，但这种合作的最终目的还是在于让学生更好地掌握社会所要求的知识、技能，教师在其中的社会代言人角色没有改变，学生的个体生命成长没有得到重视，教师个体的个性因素在教学过程中并没有发挥应有的影响。因此，要想真正实现师生个体生命成长与社会要求的融合，其切入点是改变教师在教学过程中的身份，使教师个体生命实践与角色扮演有机相融。

1. 理论基础

以各教学要素相依相存为特征的教学模式，并不是由简单的推理而产生的，它的形成需要一定的理论根基。具体而言，其理论基础包括了人本主义教育思想、现象学教育学理论以及当代新知识观等。

（1）人本主义教育思想。发端于20世纪中叶的人本主义教育思想，其核心理念是在教育教学过程中实现人的回归，意在通过人性复苏，克服以往教育教学过于理性而使人物化，过于强调社会要求而使人工具化的偏差。人本主义教育思想认为，教育的根本目标是帮助人实现个体生命的生成与完善，作为学校教育的中心环节，教学过程中虽然要求学生学习人类已有的知识、技能，但知识、技能只是一种手段，它必须服务于个体的生命成长。在人本主义教育思想看来，个体人才是社会发展的基本要素，只有作为个体的人发展了，整个社会才会进步。因此，教学活动不仅要培养学生的社会所要求的理性力量，更要促成学生感性方面的全面提升。

（2）现象学教育学理论。20世纪七八十年代兴起于北美的现象学教育学理论，强调教育理论关注的焦点从普适性理论探讨转移到对具体情境中的教育事件的分析，这种从一般到个别的转移，其实质是尽量淡化先入为主的外界影响，通过悬置而直观事实本身。教育教学活动首先是一种活生生的具体行为，其次才是可以抽象并被赋予意义的社会性工作。因此，现象学教育学认为，教学活动的本质是个体生命实践的展开，教育教学的核心问题是如何在具体的实践活动中抓住转瞬即逝的教育契机，教师的教学机智成了最关键的教学因素，而教师教学机智的来源，必须通过让教师个体生命实践在教学活动中的凸显来实现，即必须让教师以个体人的身份在场，正如著名现象学教育学家范梅南所说的：“只有当教师的存在以一种个人的方式体现在课程当中时，只有当他或她能够让大家看到这门课与他或她的个人生活之间存在着一种活生生的关系时，课堂气氛才能从死板的权威式的约束转变为生气勃勃，充满活力。”①

① 马克斯·范梅南．教学机智——教育智慧的意蕴［M］．李树英，译．北京：教育科学出版社，2001：262.

（3）当代新知识观。知识观是关于知识本质、知识产生与获取方式的看法，教育离不开知识的获取，如何获取知识等问题的观点，不可避免地会影响人们对教育教学过程本质的理解。以理性主义知识观、经验主义知识观为代表的传统知识观认为，知识是客观的、普适性的，具有与个体价值无涉的中立性。在知识的产生过程中，个体只是一个旁观者，个体只能去了解、掌握知识，而知识的普适性正好为个体掌握知识提供了可能。传统知识观的特征影响了对教学内容的选择与组织及其内涵的解读，国家把握了课程知识的选择与解读大权，教学的本质沦为了师生间的知识传递。

以建构主义知识观和后现代知识观为代表的当代新知识观认为，知识具有个体性、情境性特征，它是个体生命实践与外在世界互动的结果，知识的产生与获取都离不开个体的个性化生命实践，个体不再是旁观者，而是参与者、创造者。个体学习知识的过程就是个体内在的隐性知识与外在公共知识融为一体的过程，这种融合，使所谓的客观知识染上了个性化的色彩。而正是使已有知识在人的获取过程中不断个性化，知识创新的目标才得以实现。个体性、情境性、多元性为特征的当代知识观迫使教育教学做出了相应的变革，地方知识、个人知识等进入了课程，而基于情境的多元知识解读也取代了以往国家对课程知识解读权的独揽。师生不再是知识的搬运工和消化器，而是能把个体生命实践感悟与社会标准合而为一的知识创造者。

2. 教学目标

建立在二元对立基础之上的教学模式把学生作为发展的唯一目标，教师只是工作人员。强调教学模式中各要素的相依相存，在教学目标上也体现了这一特点。首先，从师生之间的关系来说，教学过程不仅关注学生的成才与发展，还追求教师个体生活目标的满足。教师不只是以国家、社会的代言人身份来履行工具职责，而是一个有血有肉，有个体需求的真实的人，在教学过程中有他的个体目标。一方面，通过教与学的双向交流，实现教师个体精神世界的提升；另一方面，通过对教学手段的自主创新，对教学内容的自我阐释，以此促成教师个体“自我”的不断实现。其次，从学生角度来看，相依相存也指学生按照社会要求成才与个体生命的逐渐成长成熟二者的相融，即学生不仅要通过对知识、技能的掌握而增进外在的能力，更应该在知识、技能的学习过程中，通过个体内在精神世界与外在经验的相交相融，在实现知识个性化的同时，促成个体生命内涵的不断丰富与提升。

3. 教师作用

在教学活动要素二元对立的教学模式中，教师要么是知识的贮存器和传声筒，要么就被学生抛弃，晾在一旁无法发挥个体的价值。在教学活动各要素相依相存的教学模式里，教师所起的作用可从三个方面分析。第一，知识的承载者。尽管当前信息传播的渠道很多，但无论怎样，作为接受过系统教育具有较多人生阅历的成年知识分子，教师都是重要的知识载体之一。但是，知识载体不是知识贮存器，各种知识在进入教师头脑之前，已经被教师个性化，所以，教师承载的知识在一定程度上只能是教师个体的知识了。第二，知识的解读者。教师和学生一起共同解读教学内容，教师用自己已有的个人知识（包括知识背景、人生阅历、个人价值观等）重新诠释课程知识，并用自己的诠释方式引领学生对课本知识的个性解读，帮助学生建构自己的知识体系。第三，知识发源者。教师在自己的人生实践中，不断积淀了大量基于生活实践的个体经历，这种源于生活中的为人处世的方式方法，与教师个体的性格、气质等相结合，不断形成了带有鲜明个性色彩的思考问题方式、对人与事的独特态度与看法等，这些东西构成了教师个体的缄默知识。它虽然不能像显性知识那样公开在师生间讨论交流，但却能以潜移默化的方式影响学生个体价值观、思维方式的形成。第四，个体生命的实践者与引领者。教学活动本身是师生的一种生活方式，是师生个体生活的重要组成。一方面，教师不仅仅是用工作去完成教学任务，更是用个体的生命实践去与学生一起构造教学活动过程，并在这一过程中用自己的生活方式影响学生对于生活的态度与品位，帮助学生养成过好生活的正确意识与技能；另一方面，教师个体的缄默知识来源于生活实践，教师的缄默知识参与教学过程中的知识建构，从而促使教学活动中生活意蕴的绽放。

4. 教学模式流程

以各教学要素相依相存为基础的教学模式的建构，其核心是如何使代表社会要求的公共知识与师生个体的生命实践经验有机结合，既达到在教学过程中培养社会所需人才的目的，同时，让师生个体的生活内涵得以丰富提升；既能让学生在内在精神世界与外在世界的对话交流中建构理性的知识体系，同时也能使个体生命中的感性力量得以壮大。总的来说，相依相存教学模式的流程如下图所示。

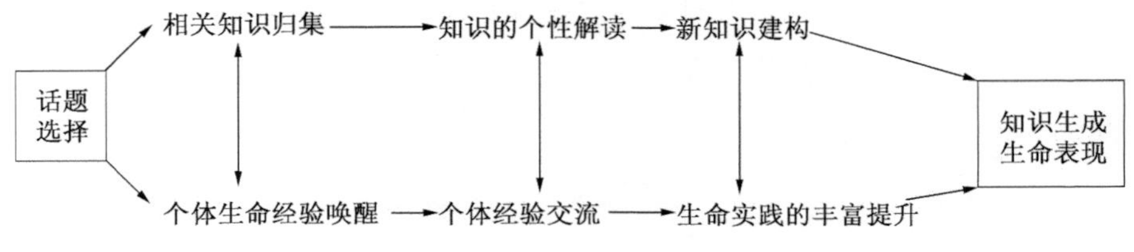

相依相存教学模式的流程

（1）话题选择。话题是问题的另一种表述，但实际上与一般问题也不一样。首先，话题的范围比问题广，不仅关注为什么，也要了解是什么；其次，话题的抽象程度比问题低，更接近日常生活；最后，话题更能激发个体的发散思维，能给个体经验提供更多的呈现空间。在教学过程中，教师通过对课程知识的分类，在结合师生生活实际的基础上，把课程知识分为若干有内在联系的系列话题。

（2）知识归集与经验唤醒。大的话题确定后，师生一起把大话题分解为不同方面的小话题。教师帮助学生明晰各个子话题所涉及的理性知识及个体的生活领域。由学生在一定时间内收集相关的知识信息，并通过回忆、整理等方式唤醒学生个体的有关生活经验。

（3）知识解读与经验交流。学生收集了足够的知识，唤醒了以往的生活经验后，教师带领学生用个体的生活经验对新知识进行个性解读。具体过程为，教师先让学生在小范围内开展讨论，在小组讨论得出结果后，再在大范围内进一步的对话交流，并尝试达成初步的共识。

（4）知识建构与生命实践的丰富提升。在学生达成初步共识的基础上，教师从成人的视角阐释个体对新知识的理解，用自己个性化的思考问题角度与思维方式启发学生，并呈现个体的生活经历与学生分享，引领学生进行更深入的探讨。通过师生的进一步的对话交流，最终实现对新知识解读的视界融合，不仅在师生头脑中实现新旧知识的建构，同时也使师生个体的生命实践得以丰富和提升。

（5）知识生成与生命表现。通过师生对新旧知识的个性化建构，师生个体的、地方性的知识与代表国家要求的公共知识进行了有机结合，新知识不是以原有面貌被学生完整接受，而是被赋予个性化色彩后，融入学生的个体知识体系中。这一过程不是简单的知识传递，在一定程度上已经是一种知识的生成。而在个性化知识的生成中，个体的生活感悟、态度等感性成分被充分调动，知识生成的实质就是个人内在感性世界与外在理性世界碰撞而形成的结晶，它促使感性世界的充分挖掘，实现了个体生命的释放与表现。

第二节　教学情境演绎与教师教学个性生成

叶澜教授曾说：“教育是人类交往的一种特殊形式。”① 既为交往，教

① 叶澜．教育概论［M］．北京：人民教育出版社，1999：41.

育教学的施行就离不开一定的环境，这种环境就是我们通常所说的教学情境。教师教学个性是在具体的教学情境中生成的，貌似相同的“情境”，在不同教学理论流派的视野中却有不一样的意义，在实践中对教师教学个性的生成产生了不一样的影响。进步主义教育思想和建构主义学习理论强调情境的创设和选择，其结果是教学实践倾向于模式化，教师教学个性发挥受到抑制；与之相反，现象学教育学思想肯定情境的客观存在和多变，在实践运用中促进了教师教学个性的生成。

一、教师教学个性在教学情境中体现

教师教学个性是对传统教学模式化的挑战，是对教学多样化的追求；教师教学个性是新时期“以人为本”思想在教学中的体现，是对个性的尊重，是对教师工作积极性、创造性的鼓励和肯定。教师教学个性能否实现，达到程度的高低，固然与教师个人的素质息息相关，同时，教师的教学理念，对教学中具体方面或环节所持的见解或遵从的思想等都会影响教学个性的发挥，这些方面包括师生关系、教材处理、方法运用等，而作为教学必需的主客观环境或教学情境，总是或显或隐，要么直接要么间接地影响整个教学过程，教师教学个性的实现当然也无法忽视它的存在。

所谓教学情境，从广义来说，是指作用于学习体，产生一定的情感反应的客观环境。从狭义来认识，则指在课堂教学环境中，作用于学生而引起积极学习情感反应的教学过程。它可以综合利用多种教学手段，通过外显的教学活动形式，营造一种学习氛围，使学生形成良好的求知心理，参与对所学知识的探索、发现和认识过程。

20 世纪以来，不少教育流派都曾涉及教学情境，由于所遵循的指导思想和观察问题的角度不同，对情境的理解大有出入，因而在各种教育思想中所蕴含的教师教学个性因素同样有着程度上的差异。

二、教学情境演绎及教师教学个性生成

从进步主义教育思想到建构主义学习理论再到现象学教育学，教学情境的内涵和旨趣发生了演变。伴随这种演变，教师教学行动的侧重点发生了转移——从模式搬用到教师教学个性的生成。

（一）进步主义教育思想中的教学情境和教师教学个性生成

进步主义教育流派的代表杜威在主观唯心主义的经验论和不可知的认识论基础上，提出了他整个教学理论的基本原则："从做中学"。杜威认为经验就是一切，所以他不承认理论指导下的社会实践与人类已经认识了的客观真理，全盘否定向儿童传授书本知识和成人经验的传统教育方法，而只强调通过个人的个别活动去从头摸索，不断改组个人的经验。从这一原则出发，杜威阐述了他的教材观和教学方法：以儿童直接经验为中心的活动既是教材，也是教学方法。而在获取经验的过程中离不开思维，故杜威在论述教学步骤时强调了"思维"的重要作用。他指出，人处于任何一种情境都会产生一个个疑难问题，它们会触发人的思维活动，从而去想法解决疑难，获得经验。他说："思维……起于直接经验的情境。"① 在情境的基础上，杜威建立了他的进步主义教育理论大厦。

1. 教学情境特征

在杜威看来，"教育即生活"是教育的本质之一，必须把教育与儿童眼前的生活融合为一。而要达到既从情境中获取经验又让儿童学会适应社会生活环境的目的，就必须根据经验的要求对教学情境进行人为设置或选择，情境可以人为而且应该人为。设置或选择情境的目的是为特定的教学服务的，换句话说，杜威所倡导的情境，是指在课堂教学中，由于某个特定目的教师预先设置的，作用于学生而期待引起积极学习情感反应的教学

① 赵祥麟，王承绪．杜威教育论著选［M］．上海：华东师范大学出版社，1981：297.

环境。从范围上划分，杜威的情境属于狭义上的教学情境，即只强调人为的具有积极意义的情境。

2. 教师教学个性生成情况

杜威认为，儿童在学校中经验获取是为适应社会做准备，为了这一目的，故教师的情境创设必须模拟特定的社会环境，去激发学生此时此地的思维，在对关于实际生活问题的思考中去做获取经验的努力。在这一过程中，教师从既定目的出发，没有太多个人选择和发挥的自由。情境创设后，为了能激起预期的问题，教师的教学重心必须落实在情境的维护、控制上，剔除不利和无关的因素，保持情境的稳定，并积极引导学生领悟到问题的暗示。这一过程，同样是依样画葫芦，教师不必另辟蹊径。问题产生后，为了获取经验，就必须设法解决问题，而问题的答案——经验是否真正有用，又要回到情境中来验证。这样，教师的思维一步接一步，冲着预定目的而发生、发展，这种按部就班的结果就是杜威所说的五步教学法——创设情境、明确问题、提出假设、解决问题、检验假设。而一堂课就是由一个或几个“五步法”组成，或者说是由一个或几个创设的情境组成，教师把精力都花在既定情境下的既定方法步骤的运用和维持上，而不必也没有余暇去关注方法的创新和模式的突破，甚至连既定步骤的顺序都不能轻易地颠倒，更谈不上教师教学个性的尝试。

（二）建构主义学习理论中的教学情境和教师教学个性生成

建构主义学习理论是认知心理学派的一个分支，最早是由瑞士心理学家皮亚杰通过研究儿童的认知规律提出来的。他认为儿童是在与周围环境的相互作用过程中，逐步建构起关于外部世界的知识进而发展了自身的认知结构。布鲁纳等人在“认知结构说”的基础上做了进一步研究，维果斯基提出了“文化历史发展理论”，强调了认知过程中学习者所处社会文化历史背景的作用。建构主义者学习理论认为：学习不是被动地接受刺激，而是主动地建构意义，根据自己的经验背景，对外部信息进行主动地选择、加工和处理，从而获得自己的意义，建构自己的理解，强调情境对意义建构的重要作用。

1. 教学情境特征

建构主义者把情境创设看作是教学设计的最重要内容之一。情境即情况、环境，是由外界、景物、事件和人物关系等因素构成的某种具体的境地。它可分为间接情境、实际情境两大类。当学习者在学习体验中，未见过的或没有印象的，是教师创设的由媒体提供的和谐条件，就是间接情境。当学习者所处的真实境地与学习“主题”相吻合，这种真实境地就是实际情境。前者主要应用于课堂教学中，后者主要出现在课堂外的学习活动中，无论前者还是后者，要么是由教师人为设置，要么是人为选择的结果。其目的是要学生在情境中完成知识建构，收到预期的教学效果。

2. 教师教学个性生成情况

建构主义遵循认识过程的规律，强调认识的两因素：内因和外因。外因即外部环境或情境，一定的主客观情境有助于个人对事物的完整认识和理解，它是知识存在的背景或条件。在建构主义理论指导下的教学实践中，第一步就是真实情境的创设和模拟，当然这种创设模拟不是随意的，它必须严格依据学生所学知识而预先进行，教师没有选择余地。

建构主义者认为，主体对客体的认识是一个能动的、积极的、活跃的建构过程，这一过程体现主体与环境的相互作用。当教学情境已创设或选择后，教师引导或帮助学生用已有的知识结构和情境发生积极作用，要么给予方法上的指导，要么共同克服在情境中获取信息的困难，最终让学生用“同化”或“顺应”完成对知识的意义建构。对学生来说，这一过程是一个充满主动性、探索性的历程，但对教师而言，这一过程依然是一个或几个教学模式的完成。教师考虑的不是教什么，怎样教的问题，而是让学生学什么，怎样学，教师必须在课前精心设计学生的学习过程，设计如何引导学生学习，然后严格地在教学中一步一步地展开。事实上，建构主义理论提倡的模拟情境、协作、会话、意义建构四要素在教学实践中已经顺理成章地成了一个固定的模式，而后提出的抛锚式教学模式、问题解决教学模式更是给教师提供了教学的常规套路，同时教师的创造性在重复这些套路中被完全遮蔽，教师教学个性的生成自然微乎其微。

（三）现象学教育学视野中的教学情境和教师教学个性生成

现象学作为一种思想运动，它以反对传统哲学形而上学的二元对立概念而著称，“面向事情本身”是它的基本原则。在现象学看来，教育教学不是一种主体对客体的认识活动，而应是教师、学生人生实践的组成部分。教学研究不再是纯理性的抽象，不再是普适性规律的总结，而是色彩缤纷的现实世界中饱满人性的充分展现。现象学研究起始于情境，是“对嵌入在这个情境中的一个典型意识节点的分析、阐释和说明”①，现象学教育学研究就是写作的研究，其最终目的是理解与孩子共处情境之中的教育意义，教育行动所需要的知识应该是针对具体的情境而且指向我们所关心的具体孩子。

1. 教学情境特征

著名现象教育学家范梅南说：“教育情境是那些构成教育行动的场所，是使成人与儿童间的教育体验成为可能的环境和条件。”② 有教育教学的地方就有情境，情境贯穿教学活动的始终，即情境自发地、客观地伴随在教师和学生交往实践中。与进步主义教育思想和建构主义学习理论相比，现象学教育学对情境的定义具有不同的特点：它不是教师预先创设或选择的结果，它是客观存在的，也可能会预先存在，但不是人为的，很多时候教师不得不面对而无法逃避；它不是稳定的，也不需要去维护、控制，它具

---

① 马克斯·范梅南．生活体验研究——人文科学视野中的教育学［M］．宋广文，等，译．北京：教育科学出版社，2003：22.

② 马克斯·范梅南．教学机智——教育智慧的意蕴［M］．李树英，译．北京：教育科学出版社，2001：95.

有极大的偶然性、多变性；它产生的教学效果是无法预期的，它不是师生认知的工具，而是人生体验的场所。

2. 教师教学个性生成情况

现象学教育学视野中的教学情境客观存在而多变，所以教师工作的重点不是在既定情境下按一定的模式去实现预期教学目的，而是侧重于如何发现、利用瞬间即逝的教育契机。课堂教学不是一个个单独的事件，而应是一个不断生成的过程。生成状态下的事物是无法用固定的模式去认识的，它“在每一个情境中都要求有所行动”①，需要教师保持思维的灵活性，随时采取不拘一格的方式方法，采取未加思索的行动。“教育学作为一门学科总是关心这样一个问题：为了指向和在具体的情境中实际地处理儿童情况，一个人应该了解什么，应该具备什么样的能力，应该是什么样的人。”② 教师在多变情境中能否采取有效的行动不是看他是否运用了固定的教学模式，而是看他是否具备应对情境的能力和素质。教师应该具备什么样的能力和素质呢？范梅南认为光靠丰富的教育学知识不够，背诵大量的教学方法、原则也无法解决问题。“学会教学的所有技术却仍然不适合做教师，这是有可能的。”③ 要解决问题，要从容应对情境，要成为一名合格的教师还包括那些不能被正式传授的东西：教育智慧的最具个性色彩的体现，即教学机智。机智是瞬间知道该怎么行动的一种与他人相处的临场智慧和才艺。教学机智贯穿于整个教学过程，无时无刻不在，不是说只有在处理突发事件时，教师的教学机智才有用武之地，而是在整个教学过程中，处处都需要教学机智的参与。教学设计、教学组织、课堂讲授、作业指导、

---

① 马克斯·范梅南．教学机智——教育智慧的意蕴［M］．李树英，译．北京：教育科学出版社，2001：54.

② 马克斯·范梅南．教学机智——教育智慧的意蕴［M］．李树英，译．北京：教育科学出版社，2001：65.

③ 马克斯·范梅南．教学机智——教育智慧的意蕴［M］．李树英，译．北京：教育科学出版社，2001：14.

对学生的评价等方方面面，都应该运用教师的教学机智去创造性的发挥。

机智的行动总是即刻的、情境中的、偶然性的和即兴发挥的，无法以某种固定方式为模板。人生体验是无法雷同的，每个人各有自己的独特的性格风范，为人处世的风格更是各不相同，在同一个情境中所产生的意识和使用的策略无法统一，因而应对情境的机智具有浓厚的“个人主义”色彩。正如范梅南说：“教育的理论很少论及教学当中的风格、特征是由什么构成的，原因是这些特征更多地与独特的、个人的东西有关，而不是与普通的、可概括性的东西有关。”①

教学机智更多地存在于特殊情境中，更多地与教师个人的风格有关，是教师风格、特征的重要组成部分，是教育智慧的最具个性色彩的体现。它要的是个别问题的解决，在实践运用中更倾向于教学的个性化。

貌似相同的“情境”，在不同教学理论流派的视野中有不一样的意义，在实践中对教师教学个性的发挥产生了不一样的影响。今天，教师教学个性因为其良好的教学效果和独特的魅力，正逐渐成为广大教育工作者追求的目标。教师要形成自己的教学个性，从而让课堂成为充满独创性的乐园，需要以一种与时俱进的、正确的眼光洞悉教学中的一切。教学情境只是教学的一个方面，但抱有什么样的情境观，却对个性化的发挥起到了至关重要的作用。

第三节　教学过程重建与教师教学个性生成

教师教学个性的终极表现即教师个体生命实践在教学过程中的充分展开与“自我”生成。以表演为特征的传统教学突出对已有知识的再现模

① 马克斯·范梅南. 教学机智——教育智慧的意蕴［M］. 李树英，译. 北京：教育科学出版社，2001：160.

仿，在价值取向上强调对已有知识的累积，它的实施过程被工具理性所控制，教学过程沦为师生戴着面具的舞台表演，教师教学个性被严重抑制。以表现为特征的教学过程重建即突出具体场域下的知识生成，在价值取向上追求以已有知识为基础的创造力培养，在实施过程中以解放理性为支撑，其过程是促进师生个体本真流露与“自我”生成的生命表现，教学个性由此生成。

教师教学个性是教师“自我”在教学过程中的显现，具体包括了三个方面两个层次。第一层次分为教师对课程知识的个性解读与教师对教学方法的创新；第二层次指教师的角色扮演与个体生命实践的统一，即在教学过程中，教师的情感、态度、价值观等得到充分的体现。两个层次内在统一，其终极表现即教师个体生命实践在教学过程中的充分展开与“自我”生成。教师教学个性最终是在具体的教学过程中形成的，教学过程的性质（价值取向、知识观基础、理性支撑）变化，不仅会产生不同的教学环节，也影响了教师在教学环节中的主体性发挥与个体生命实践的展开程度，直接影响了教师教学个性的生成。

表演是影视艺术中的常用词，作为一种艺术形式，表演指通过角色扮演或预设过程细节，让人或物在特定的情境里完成系列的动作、行为。表演具有以下几个方面特征。一是预设性。表演什么一般由事前准备好的剧本来决定。二是再现性。“表演是指演奏乐曲、上演剧本、朗诵诗词等直接或间接借助技术设备以声音、表情、动作公开再现作品。”[①] 表演的内容（细节、行为）都是已经发生过的，表演实质是运用一定手段再现过去的情景。三是虚拟性。对表演者而言，所扮演的角色和模仿的动作等都是与本人无关的，它只是在演戏。“所有的舞台和电影场面都只是貌似真实，

① 林烨．表演者权片论——关于表演、表演者、表演作品相关的几个特殊问题［J］．广西政法管理干部学院学报，2004（5）：100－102.

其实虚拟。”① 四是模仿性。表演的目的就是尽量恢复事物的原状，因此，对表演效果的衡量主要在于对原有事物的模仿程度，对原有事物的模仿达到惟妙惟肖的地步，乃是表演的最高境界。由于人的培养规格的时代特征以及知识观、理性等相关理论的局限，使得传统的教学活动具有了鲜明的表演性质。具体而言，注重知识累积的传统教学是一个舞台表演过程，它把已选择的前人知识（教学内容）作为原著，经过教师之手加工为剧本，然后通过师生设置的舞台情境把剧本演绎为可感知的情节，并在情境表演中完成对已有知识的再现与模仿。

表现与表演只有一字之差，但其内涵却相去甚远。虽然两者都强调人或物通过外显的行为完成一定的目标，在最终目的上却迥然有异。表现最常见于哲学领域，指的是事物本质的外现，即所谓透过现象看本质。除此之外，表现也常见于绘画、文学领域，作为一种艺术手法，它倾向于通过外在的途径，展示创作者的内在世界。因此，表演更多地强调通过个体的行为去再现彼时彼地的事物，它追求的是表演者融入戏中，把自己当做他者；表现更多地强调通过个体外显的行为，展示此时此地自我内心的真情实意，它追求的是表现者对外在环境的体察与驾驭，让外物为我所用。与表演相比，表现具有以下特征：一是当下性，个体内在思想的外显，都是在当前个体与外在环境的相互结果；二是真实性，表现的本质即借助可感知的言行展示个体真实的内在世界，是个体本真的自然流露；三是生成性，表现是个体内在世界与外在环境的互动与交流，除了有一定的发展方向，它必须随着环境的变化而逐渐生成，即使是事前在头脑中已构建好的作品，也往往在具体的创作过程中会对原有设想进行改造或产生全新的思路；四是创造性，与生成性相对应，表现强调个体在环境的不断变化中通

① 孙惠柱．社会表演学：现实与虚拟之间［J］．上海大学学报（社会科学版），2008（1）：58－63.

过物我交融，不断产生新的无法预料的结果。社会发展对人的培养规格的新要求以及知识观、理性的时代变化，今天旨在培养创新人的教学过程被赋予了强烈的表现色彩。它是一个生命表现过程，它把已有知识（教学内容）与教学场所等组成生命实践的场域，通过师生交流、生生交流、师生与情境的相交相融，不断敞开个体的内心世界，在与已有知识进行对话交流中完成个体生命表现，生成新的知识、技能与情意，以此实现个体生命实践的不断丰富与提升。

一、从知识累积到创造力培养：教学过程的价值诉求转向

传统教学通过设置一定情节，师生在角色扮演中再现已有知识，最终实现对已有知识的习得与累积。在教学实践中，教学目标由培养人的教育目的决定，以表演为特征的传统教学之所以注重对已有知识的累积，缘于德性人与技术人的培养。所谓德性人，即指强调德性修为，能自觉践行社会伦理规范的人（君子）。德性人培养是农业社会维护人伦秩序、追求社会稳定的需要，伦理规范是世代相传下来的，只有让个体无条件地接受“祖训”，习得与仿效先哲圣贤的“道义”，社会才能长治久安。技术人指具有一定生产技术、能熟练操作机器或程序的人（工人）。技术人培养是工业社会实现大工业再生产，维持经济发展的需要，驱动机器的技术或生产流程是前人留下来的，只有让个体学习前人的先进技术，熟练掌握前人的操作程序，经济生产才能得以延续。因此，以培养德性人和技术人为旨归的教学活动，必然强调对已有社会道德与技术知识的再现，并通过形象性（表演）的再现，让受教育者熟记已有道德规范并能在实际生活中践行，让受教育者接受社会经济发展所需要的知识、技能并能在未来工作中熟练应用，所产生的教学过程是一种仿效与累积已有知识的表演性活动。

信息化社会的到来，知识成为最直接的生产要素（IT 行业最为典型），

人们对信息（新知识）的消费需求，迫使知识更新换代的加速，创造力是推动社会发展的核心动力，因此，信息化社会希望在教学活动中培养的是具有鲜明创造力的创新人。“创造力，即创造的能力，它是思想的能力和行动的能力的结合，是探索精神和发明欲望的成果”是“根据一定的目的，运用一切已知信息，产生出某种新颖、独特、有社会或个人价值的思维成果或物质成果的智力品质”。[①] 创造力的培养不能靠模仿前人的经验来实现，它必须把已有知识作为创新的原材料，在已有知识、个体阅历与当下环境的结合中生成新的信息，毕竟，“创造力是指运用已有知识与经验实现了创造性思维成果的能力”[②]。因此，创新人培养强调学生在分析、解决问题时超越已有经验，或对当下发生的事件有着个性鲜明的见解，创新程度的高低决定于受教育者的人格独立与主体性发挥状况，以及在此基础上形成的自觉鲜明的质疑意向与怀疑习惯，所产生的过程是一种超越已有知识、技能的生命表现活动。

尽管创造力的养成并不排除对已有知识、技能的教学，但是这种教学的旨趣已发生了根本的改变。第一，教学的目的不是知识的代际传承，而是以原有知识为原料的知识创新。第二，已有知识在教学过程中所发挥的价值，不再局限于为受教育者提供安身立命、适应社会的手段，而是作为一个起点，为受教育者的创新提供准备。第三，教学过程要避免因为已有知识的移植而使受教育者的思维固化，首先要做的是保护好个体固有的好奇心与想象力，使个体的质疑习惯与想象空间免于损害。第四，教学结果的考核，不在于个体积累已有知识的多少，而是个体创新意识的强度、创新思维的层次、创新方法的维度与效度。

---

① 刘芸．试论创造力及创新人才培养［J］．职教论坛，2011（14）：71－75.

② 同上。

二、从普适客观到情境生成：教学过程的知识观基础变革

知识观“是人们对知识的基本看法、见解与信念，是人们对知识本质、来源、范围、标准、价值等的种种假设，是人们关于知识问题的总体认识和基本观点”①。传统知识观认为，知识是前人对为人处世规范的抽象概括以及对外在世界客观规律的认识总结，知识一经产生，就具有了不可更改的客观性与广泛适用的普适性。对于后来者而言，要获得生存本领与理解外在世界，最有效的方式就是毫不质疑地全盘接受已有知识。

知识是教学活动赖以开展的主要内容与中介，每一种教学形态的背后都有相应的知识观。以表演为特征的传统教学把对已有的知识累积作为活动目标，其背后隐藏的正是以普适、客观为特点的传统知识观。因为知识是普遍适用的，所以在教学过程中让受教育者累积前人知识就很有现实意义；因为知识是不受个体主观性影响的客观真理，所以在教学过程中只能采取再现、模仿的方式来完成知识累积任务。

20 世纪以来出现的新知识观，以建构主义知识观与后现代主义知识观为代表。前者强调知识是主体与客体互动的结果，具有个体性、生成性；而后者则认为世上没有绝对的真理，知识只是相对稳定的、暂时的认识结果，知识具有偶然性、情境性。尽管两者对知识的态度有些出入，但在根本性的问题上相差无几。“无论是建构主义，还是后现代主义的知识观都指出了知识的本质绝不是客观性、真理性，既然知识与认识主体是密切相关的，是认识主体通过与客体、与其他主体在互动中逐渐建构生成的，因此生成建构性是知识的唯一本质。”②

---

① 潘洪建．知识观的概念、特征及教育学意义［J］．江苏大学学报（高教研究版），2005（4）：1－5.

② 姜勇，阎水金．西方知识观的转变及其对当前课程改革的启示［J］．比较教育研究，2004（1）：17－21，43.

以表现为特征的教学对创造力培养的追求，正是以情境性、生成性为特点的新知识观在教学实践中的体现。也正是因为新知识观在知识产生时强调个体与外在世界的互动，突出个体在知识构造中的能动性，由此受教育者创造力的培养才得以从理论设想变为可操作的实践目标。

三、从功利控制到审美解放：教学过程的理性支撑演变

“理性即意味着人的一种认识，一种逻辑的把握世界的方式。”[①] 理性被广泛运用于社会各个领域，主要表征人的思考问题、解决问题的系统方式，“它既指人们依据一定规则进行逻辑推理的能力，也指人们的思想和行动的理由和根据”[②]。作为人类把握世界的方式及其思想、行动的依据，理性可以从三个层面做进一步的阐释：“第一层次是技术层次，反思的问题在于有效实现既定目标。第二层次是实践层次，反思的问题包括假说、倾向、价值观以及由行为组成的结果。第三层次是批判或解放的层次，反思的问题包括伦理的、社会的和政治的问题，关键是组织与社会可能压抑个人行动自由和限制他们行为的权力。”[③] 在第一层次中，个体把握世界的本质就是围绕既定目标采取合规律性的有效手段，个体行为为既定目标与客观规律所牵制，个体自由无法得到发挥，对应的是技术理性；在第二层次中，个体把握世界的本质即在尊重外在的总体目标下，个体对目标做具体的解读、对实现目标的方法途径本身进行合理性考量，并通过个体行动付诸实践，个体自由得到了一定的释放，对应的是实践理性；第三层次中，个体把握世界的本质即在了解现实的基础上，通过对既有目标的质疑与反思超越现状，从而使个体的自由、创造得以全面释放，对应的是解放

---

① 张立民．理性、自由和人的解放［J］．北方论丛，2005（6）：120－122.

② 林学俊．技术理性扩张的社会根源及其控制［J］．科学技术与辩证法，2007（2）：82－85.

③ 周钧．技术理性与反思性实践：美国两种教师教育观之比较［J］．教师教育研究，2005（6）：76－80.

理性。

教育是培养人的社会活动，自然也是人类把握世界的活动之一。作为教育活动的中心环节，教学活动同样需要相应的理性支撑。以表演为特征的传统教学的实质是在一个确定的目标下通过再现已有知识来模仿他者的行为，教学的效果取决于师生对再现方式的掌握，取决于受教育者对已有知识的累积达到预期目标的程度。为了尽量提高教学效率，以表演为特征的传统教学最关注的问题是寻找知识再现的客观规律，使教学过程科学化、技术化。从夸美纽斯提出“把一切知识教给一切人”的教学口号，到赫尔巴特以心理学为科学基础建立“联想—明了—系统—方法”的教学四步骤，其背后都暗含了一种设想：已有知识是可以有效为学生掌握的，教学活动就像其他人类认识活动一样，是围绕一个既定目标而展开的客观性、技术性行为。这种以“目的—手段—方法”为核心的技术理性在行为主义主导下的教学活动中尤为明显，斯金纳的程序教学把教学过程简化为了围绕一个预设目标而按部就班的模仿训练活动。在技术理性的控制下，以表演为特征的传统教学的目标被外在功利需求所架空，而其教学过程被迫异化为奔向外在功利目标的“去我”化、无意识活动。代表个体“自我”的情意、思想让步于实现外在目标的已有知识，而个体的主观性、创造性也不得不让步于教学过程中的所谓客观规律。教学目标上的功利主义、教学内容中“自我”思想与已有知识的二元对立、教学方法中个体创造性与教学规律的二元对立，使得教学过程沦为了围绕外在要求的程序化行为，师生个体生命无法在教学过程中彰显，学生的主体世界被遮蔽，教师也被简化为社会需求的代言人与执行者。

针对工具（技术）理性肆虐给教学造成的损害，杜威以实用主义为基础提出了回归儿童生活的实践理性，试图通过教学过程回归儿童生活、教学内容关注儿童经验来化解教学活动长期被外在要求操作、儿童个体成长被外在功利目标牵引的困境。事实上，杜威的五步教学在一定程度上化解了教学目标、内容与方法上的二元对立对个体能动性的压抑，确实能极大调动学生的热情与积极性。但是，在实用主义影响下，强调个体“做”的实践理性，并不能真正使教学摆脱外在功利性结果的控制，“情境—问题—假设—推理—验证”的五步教学并不能让受教育者真正拥有主体创造的自由。究竟创设什么样的情境？情境应该蕴含什么问题？说到底仍然取决于儿童对外在功利性结果的追求。而且，杜威为了满足儿童兴趣，在否定系统知识作用的同时，也使教师在教学过程中被边缘化，其结果是教师作为人的主体性无法发挥，教师个体生命实践也无法在教学过程中得到展开，这同样影响了受教育者独立人格的养成与个性创造能力的提升。

马克思曾把人的发展分为三个阶段：人的依赖关系占统治地位的阶段、以物的依赖关系为基础的人的独立性的阶段、人的自由和全面发展的阶段。教学过程为什么始终不能冲破功利控制的藩篱，其深层原因不在于教学过程中的师生关系，也不在于采取了什么样的方式方法，甚至不在于整个学校教育在社会中的具体地位，而是在于人在社会中的生存状态。人类社会产生之初，因为生产力的低下，首要任务是如何在与大自然的斗争中求得生存，这就要求个体团结起来，增强战斗力。离开了群体，个体人就无法存活，因此，保证个体间关系的理顺，实现群体内长久稳定的合作，就是人的依赖性的典型反映。当人获得了基本的生存机会后，接下来就是努力攫取生产生活所需的物质资源，为了获取更多的物质产品，掌握与生产效率相关的知识、技能就成了人满足物质依赖的必然选择。当社会发展到一定阶段，一方面，物质财富积累到了一定程度，个体的基本物质需求得到满足，个体的自由发展与“自我”的创造生成成了人的更强烈需求；另一方面，信息化社会不仅需要通过个体不断的创造，来满足知识经济发展对知识更新的需求，同时为个体创造提供了充足条件，“现代化信息技术手段可以替代过去由人类承担的一切重复性的体力、脑力活动；它帮助人类更有效地从事创造性活动，同时也迫使人类将自身的存在价值集中体现在创造性活动之中”①。创造成了个体价值实现与“自我”生成的途径，也是社会发展的客观需求，而主导人类社会的工具理性自然需要转向为促进个体主体性释放与自由创造的解放理性。

马尔库塞认为，从控制人的理性向解放人的理性转变，可以有两种方式：“消极方式是，自我、他人和对象世界不再在对财产的攻取、竞争和保卫的情况下来经验；积极方式是，通过对‘自然的人道占有’，即是说通过把自然变为对人的本质（作为类存在）来说是一个环境世界（媒质）的方式，而人的本质就是自由地发展人的创造性的、美的特殊禀赋。”② 因此，与功利性控制的技术理性、实践理性相比，促进人的生成与创造力提升的解放理性应具有几大特征：一是超越性，技术理性与实践理性都具有鲜明的直接功利性，由此导致了个体内在世界被外来要求的控制，解放理性超越了现实的功利目标，把重心真正投射到人的发展上来，用人的发展统摄外在功利目标；二是审美性，要实现人与物关系中的超功利性，其前提是去除人与物之间的直接占有及其带来的控制关系，使外在事物成为能与个体人对话交流的类主体，并使个体的心灵在物我交融的过程中得到净化与升华；三是创造性，审美过程带给人无拘无束的自由与愉悦，促进个体内在世界的敞开，从而保护了人与生俱来的好奇心与探索欲望，提升了个体的创造力。

因此，与功利控制下的以表演为特征的传统教学相比，注重个体创造力培养、以表现为特征的教学以审美解放为理性支撑，在实施过程中并不直接占有知识，而是以已有知识为起点，在教学活动中通过对已有知识的理解与超越，实现个体的不断生成与创造力的提升。正是由于引导教学活动实践的理性完成了根本性的转变，以表现为特征的教学，在目标上从再

---

① 刘志光．“创新人”假设与“创新人”塑造［J］．学术研究，2004（2）：63－67.

② 马尔库塞．工业社会和新左派［M］．北京：商务印书馆，1982：131－132.

现、模仿（直接占有）已有知识转变为以已有知识为基础的创新；在过程上从“目的—手段”式的控制程序转变为“主题—创造”式的促进程序；在师生角色上也从社会要求的被动适应者转变为主动创新者。

四、从舞台表演到生命表现：教学过程环节的重建

以表演为特征的传统教学就是基于控制理性的教学活动样态，自始至终严格遵从目的—手段的人类把握世界方式。它的整体过程就如完整的舞台演出，先确定“原著”（知识、技能预设），然后根据“原著”设计剧本（教案），再依据具体的剧情布置舞台（教学情境），接下去就是在设定好的舞台上按预期程式进行表演（知识再现），最后是对表演效果的评定（知识模仿与“忘我”境界）。在表演过程中，师生成了戴着面具的表演者，这种“忘我”化的表演使教师真实的“自我”被遮蔽，教师个体的生命实践难以充分展开，教师教学个性自然难以发挥。

1. 确定“原著”：知识、技能预设

教师以国家或相关部门制定的教材为依据，并在参考一定学科书籍的基础上，确定一个学年（学期）的教学内容，然后在规定的教学时间内进行内容分配，确定每一课时的教学任务（知识、技能的具体数量）。

2. 剧本设计：教案撰写

教学任务确定后，教师根据知识、技能的特点，设计表演的具体情节。首先是对脚本（教材内容）进行梳理与初步加工，厘清各知识点之间的关系，安排各知识点在剧本中的先后顺序；在此基础上，进一步研究知识点的组成内容与内在逻辑，以此选择相匹配的再现方式。其次，结合学生的实际情况（如学生的年龄、学习阶段），把梳理后的知识、技能转化为演出剧本，一方面，在知识、技能间加上台词，形成教案的大体结构；另一方面，根据知识、技能特征与学生情况，完善课程表演的具体细节。

3. 正式表演：情境设计与知识再现

为了保证表演的质量，在表演过程中需要相对应的环境支持（舞台布置），当然，根据教学实际，这种舞台布置可在表演前完成，也可在教学过程中随机布置，如准备表演所需的各种器具（实验与演示的器材、教具等）。在情节与场景准备好后，就进入了正式的表演过程（课堂教学或实践活动）。这一过程是以表演为特征的传统教学的实施环节，也是最关键的部分，教师利用设置好的情境，严格按照剧本（教案）中的细节展开顺序，通过师生扮演各种角色，在知识再现过程中最终完成预设的表演。

4. 效果评定：知识模仿与表演的“忘我”境界

以表演为特征的传统教学的质量评价，从结果上看，无疑是学生模仿既有知识、技能的程度，如对知识的记忆量、对知识的理解情况，以及知识、技能的运用情况等。从过程方面看，则是师生“忘我”表演的境界高低，即教师再现知识的生动性、形象性（表演的惟妙惟肖），学生课堂参与的积极性、活跃性（进入角色的状态）。在学生那里，知识的模仿效果取决于他们配合教师的虚拟化表演，取决于他们摒弃个体经验的知识接收情况，其代价是主体性、能动性的失落；在教师那里，知识的再现效果取决于其对已有剧本（教案）的遵循情况，取决于其表演过程的“忘我”境界，即对知识本来面目的呈现程度，其代价是个体“自我”的丧失，是教学个性的严重遮蔽。

以表现为特征的教学建基于促进个体自由与创造的解放理性。与传统教学的剧本——表演相对应，以表现为特征、注重个体创造力培养的教学主要通过师生共建的生命场域，实现个体自我的创造生成。其过程为：主题确定（个体生命实践的范围选择）—经验归集（个体生命实践的场域建构）—审美超越（个体生命表现及生命实践的丰富提升）—效果评定（创造力培养与“自我”生成）。

1. 主题确定：个体生命实践的范围选择

教育的最终旨趣是让人过上好的生活，而好生活的实现，既要借鉴已有生活的经验，又要在当下生活中开展的同时，对未来生活有着梦想和追求。概括地说，所谓教育，就是在当下生活中把过去、现在与未来融为一体，它指向未来，却立足当下，是当下对过去、未来的统整。过去是当下的基础，而当下又是建构未来的出发点。事实上，未来是由无数的当下组建而成。教育不可能抛弃前人已有的知识经验，因为它们是当下生活的来源与根基；同样，教育必须有对未来生活的观瞻，因为当下最终要走向未来。只是，对人而言，过去与未来都是个体的、有差异的，即人总是站在个体所处的当下，去解读过去、建构未来，只有以这种姿态，人的主体性才会在教育教学过程中彰显。

在过去、未来生活统摄于当下的前提下，师生把教学内容按照生活领域的划分，确定相应的主题。主题是对某类或某些生活现象的概括，它包含了对生活现象的理解、对生活技能的学习以及对新生活的创建。它与问题不同，问题指向于某种具体的方法、策略，它倾向于通过问题解决训练人的相关技能并实现一定的功利目标。主题面向人的成长，面向人的整体生活体验，它以人的生命实践为主线，根据个体生长阶段已具有的生活阅历和对生活的领悟水平，循序渐进地确定教学的系列内容。

2. 经验归集：个体生命实践的场域建构

主题确定后，师生围绕所选择的生活领域，搜集相关的已有经验。已有经验的来源应有多种渠道：一是前人留下的经验提炼（如官方教材）；二是当下生活中的已有知识（如社会经验）；三是个体生活阅历中的积累（个体经验）。经验是生活的结晶，它是个体在生命实践中处理与自然、社会、他人关系中得到的方法、策略或思维启示或观念态度。从小的方面说，经验是应对某个问题情境的手段，从大的方面说，经验就是个体生活展开的个性化方式，是个体生命实践的独特回馈。经验之于人的成长，不是直接的机能组织完善，而只是给机体提供一种普遍性的养料，它有待个体的消化吸收，有待在个体身上实现从普遍到个别的转化。

当师生带着所搜集到的经验相聚一起时，过去、现在、未来的生活样态在同一时空中汇集，他者、自我的内在世界在具体时空中同时敞开，有利于个体生命实践展开的场域得以建构。

3. 审美超越：个体生命表现及生命实践的丰富提升

经验归集后，在教师指导下，师生通过陈述、对话与讨论方式实现过去经验与当下经验、已有知识与自我经验的碰撞交流。在知识的碰撞交流中，师生不是以知识的再现与直接占有为目的，教学过程所呈现的材料不单纯是施教者与受教者之间关系的中介物，而是作为类主体与教师、学生对话交流，与主体的生命和情感沟通。而“师生间在通过感受、理解、领悟、欣赏等方式对话交流的同时，对外界所呈现的材料进行‘个性化’的再发现、再加工，生成更新、更深刻的意义世界，获得自我实现的愉悦和超越功利的审美幸福”①。这一过程，师生既加深了对过去、他者生命实践的理解，同时，在新的意义世界的建构中，也让个体的自我生活阅历得以展现。而正是在理解与展现中，师生的个体生命实践逐渐展开，并实现了丰富与提升，未来生活也建构而成。

4. 效果评定：创造力培养与“自我”生成

衡量以表现为特征的教学效果的代表性指标是学生创造力的培养与师生“自我”生成情况。从教学结果考量，创造力的高低体现在当下生活情境中学生处理各种关系时态度、方式的创新程度，也体现在学生面对生活问题的独特视角与思维方式之上。从教学过程看，学生创造力反映于各种形式的对话讨论中，反映于学生对已有知识的个性化解读中，反映于学生用自我经验与已有知识融合的独特视角中，反映于学生用过去、当下经验

① 黎平辉．教学模式中的教学动力探析［J］．华中师范大学研究生学报，2008（3）：85－88.

建构未来生活的理想与态度中。创造的实质就是从个体的人生观、价值观以及个性思维方式出发思考问题或处理事务，就是以个体的自我经验融合外在知识后对知识的个性化建构。因此，课堂教学中个体创造力的培养，其实就是促使师生“自我”在教学过程中的充分展现。对学生而言，意味着创造力的提升与身心的个性发展；对教师而言，则意味着“自我”的不断实现与教学个性的不断生成。

从舞台表演到生命表现，人的培养规格变化迫使教学过程做出与时俱进的回应。这种回应对于学生来说，是主体性、能动性的充分释放，是创新意识的凸现与创造力的提升。对教师而言，创新人才培养促成了基于生命表现的教学过程重建，不仅赋予教师教学的主动权，更是个体生命品质提升、教学个性不断生成的重要途径。

第五章　教师专业发展变革与教师教学个性生成

20 世纪以来，随着人本主义教育思想在全世界的兴起，尊重“人性”成了教育教学的普遍原则。而个性发挥却是保证“人性”的重要方式，教学是师生共同创造的过程，学生的学习成长要讲求个性，教师的专业发展同样需要其主体个性的融入和释放。我们应在教师的专业发展中唤醒教师的主体性、能动性，使课堂成为生命个体相知相遇的场所，成为每个个体展现自我的舞台。“只有当教师的存在以一种个人的方式体现在课程当中时，只有当他或她能够让大家看到这门课程与他或她的个人生活之间存在着一种活生生的关系时，课堂气氛才能从死板的权威或约束转变为生气勃勃、充满活力。”① 由此可见，促进教师教学个性发挥的教师专业发展，不仅是改善教师生存状态的需要，也是当前新课改理想实现的“翅膀”。

第一节　教师专业发展路径转变与教师教学个性生成

教师教学个性是教师“自我”在教学中的展现。传统教师专业发展以普适性知识和经验为内容，通过有组织的外在灌输，把教师训练为能履行社会职责的“工具人”，教师教学个性被严重遮蔽。要解放教师教学个性，教师专业发展应该以体验和反思为途径，注重教师个体实践知识的生成，

① 马克斯·范梅南．教学机智——教育智慧的意蕴［M］．李树英，译．北京：教育科学出版社，2001：262.

从而使教师成为“自我”与角色相统一的“生命人”。

人的个性是个体在一定的社会关系系统中形成的生理特征、心理特征和社会特征以独特的方式有机结合而使个体具有的社会独特性。人生活于不同的“场域”，每个个体都是一个独立王国。从哲学的角度说，世上没有两片相同的树叶，自然也找不到两个毫无差别的人。既然人具有各自的特点，这些特点就会渗透于人的行为并使其与众不同。从这一点来看，任何教师的教学活动都是带有“个性”色彩的，即教师教学个性是教学活动的“本然”反映，是教师的“自在”行为，自然也就不必费尽心思去刻意追求。但正如人们在日常生活中评价别人时总是说“某某没个性”一样，在教学实践中，并不是所有的教学活动都能称得上有个性。也就是说，教师教学个性是有一定的程度标准的，只有达到一定境界的教学活动，我们才能把它纳入“有个性”的教学范畴。由此可知，人们常说的“有”或“没有”教师教学个性，不是“本然”意义上的结论，而是对“实然”教学状况的判断。只有从这个层面出发，教师教学个性作为一个问题才有研究的必要。

当然，我们提倡教学个性，并不意味着鼓励教师去“特立独行”，那种为“个性”而“个性”的思想和行为不仅于教学无益，而且会贻害无穷。只有把激发课堂教学的生机，促进学生成长和教师发展作为前提，教师教学个性的发挥才有一定的价值和意义。所以，对教师教学个性进行概念界定时，只从哲学、心理学的角度出发是不合适的，必须统筹社会学、人学、教育学的视角。换句话说，教学个性不是简单的哲学视野下的“与众不同”，也不只是心理学视域下的“个体性格、情感的体现”，而应该是在兼顾两者的基础上，以凸显教师“人性”为旨趣，以在教学中展现教师“自我”为中心，把教师工作的“社会性”与“个体性”融为一体，把教师作为人的主体性、创造性、独特性与一般教学规律相结合，把个体情感、价值观和教学实践融合为一。“总的来说，教师的教学个性就是教师

‘人性’在教学中的体现。一方面，它包含了人的创造性以及由创造性带来的独特性，具体表现为教师对教材知识的开发、加工以及对教学方式方法的创新；另一方面，相对‘工具性’而言，它追求教学过程与教师个体生命实践的合一，在教学活动中使教师的人生观、价值观、主体情趣和人生追求得到充分的实现。”①

教学个性不仅是一种外在的表现，还应是一种内在的意识。“实然”的教师教学个性，既可在相对静态下衡量其发挥程度，更表现为贯穿于教师教学生涯这一动态过程的意识和态度。这种意识和态度来源于教师个体的主观世界，同时，也是由外在的教育思想和教学管理制度决定的，其中，教师专业发展的理念和模式更是影响甚大。

教师专业发展，从广义上说就是教师职业发展，即教师作为一门独立的职业，在履行社会职责时在职业道德、职业知识和技能等方面逐渐完善的过程。从狭义上理解，即不仅把教师看作是独立的职业，更是把它与医生、律师等行业准入严格、专业水平高的职业等同起来，强调成为专业人员的教师在专业素质、专业态度和情感等方面的养成和发展。广义上的教师专业发展，从教育成为独立的社会活动开始，就已客观存在。早在两千多年前，孔子对教师的知识、学习态度、教学方法等职业要求做了详细的阐述；在国外，古希腊、罗马时期的昆体良就在《雄辩术原理》中提出了对教育、教学方法的见解以及成为合格教师的要求。然而，中国古代教师的专业化程度是很低的，那些“鸿儒”级的大师，多在朝廷中身居要职，教书育人说到底只不过是他们的“副业”；而占人数最多的塾师一般就是落第秀才，并未受过相关的职业培训，往往被讥称为“孩子王”。西方的教师本是从仆人转化而来，中世纪时又多为神职人员兼任，专业化程度也

① 黎平辉．教师教学个性的现实困境及出路——一个制度分析的视角［J］．全球教育展望，2009（2）：56－61.

很微弱。

狭义上的教师专业发展思想是伴随着近代西方师范教育的兴起而逐渐出现的。资本主义经济的繁荣，特别是工业化时代的到来，社会生产对具有一定知识、技能的劳动者的需求越来越大，这就迫使教育的“政府化”和“规模化”。为了能从数量和质量上满足经济发展对人才的需求，各国政府不仅夺回了国家对教育的决策权，而且开始兴办专门培养教师的师范教育。由此开始，各国政府逐渐制定和完善教师职业资格规则，明确了教师的专业知识、技能以及道德准则，并对职前培养和在职培训等问题做了相关的规定。1966 年，国际劳工组织、联合国教科文组织在《关于教师地位的建议》中，更是旗帜鲜明地指出“教师职业是一种专业”。由于传统教师专业发展理念源于工业化社会，其目的是为了呼应经济发展的要求，因此，不可避免地染上了工业化时代所特有的色彩。

20 世纪中叶以来，一些新的哲学社会思想流派在洞察时代变化的基础上，对教育教学提出了全新的见解，也给教师专业发展与成长带来了不少的启示。存在主义哲学在强调个体自觉履行社会职责的前提下，宣扬个体的独立和自由，因此，存在主义教育思想认为在教育教学中，“最重要的是教师应是一个自由的人，他要能促进学生的自由人格的完成，他自己先要是一个具有独特人格、不受任何力量左右的人……”① 人本主义心理学的需要层次理论把“个体的自我实现”作为人的最高需要，教师是从事精神生产的职业群体，教师在教学中主动创造从而实现“自我”，能促使教师更好地完成工作和更自觉地发展。诠释学和后现代知识观承认个体在对真理和知识的解读中的重要作用，世上没有真正客观的真理，知识在传播中总是或多或少地渗入了个体人的“先入之见”，由此可知，在教学活动

① 王天一，夏之莲，朱美玉．外国教育史（下册）［M］．北京：北京师范大学出版社，1993：298.

中，教材不应视为不可侵犯的权威，教师拥有对教材的自我领悟的权力，课本知识不应成为不可更改的传递对象，而应在教与学的活动中，由师生一起来建构和创造。兴起于北美的现象学教育学理论则把研究重心从普遍规律的探索转变为如何在具体的情境中发觉教育意义和契机，它重视教学的情境性和多变性，强调教师教学机智的养成以及教师个体生命实践和课堂教学的合一。

而随着后工业化时代的到来，社会对人才的要求发生了根本性的转变，由原来的具备一技之长转变为具有创造性和生命关怀意识。课堂不再只是传播知识、形成技能的场所，而是一个创造意义的地方，教与学的过程是意义分享与创造的喜悦之旅。那种认为通过预设来控制教学过程的传统思想正在受到新的教学过程观的挑战，“生成”与“情境”成了当前最受青睐的教学话语。对教师而言，只要掌握某门学科知识和一定教学方法就能胜任教书育人职责的时代一去不复返，新的人才标准需要教师用自我的鲜活个性去促进学生的个性成长，而充满“变故”的课堂更是迫切要求教师在情境中灵活应对，去创造性地生成带有自我特色的教学过程。

综上所述，无论是理论创新还是实际需求，教师专业发展都越来越重视教师的生命实践和体悟，愈发肯定教师主体性、能动性、创造性的作用。教师教学个性的发挥不仅是当前课堂教学改革的实际需要，更是时代变化对教师专业发展提出的新要求，“教师专业发展过程有一点是共同的，即教师的专业发展需要教师的个性教学。因为没有个别化的特点，教师群体的专业发展将只是一个模式，脱离了个性的鲜活与自由，没有比较激励、没有创新，也不切合个体作为独立性存在的客观事实”①。要顺应时代潮流，要促进教师教学个性的生成和发扬，教师专业发展必须来一场理念上的革命，必须实现目的、内容、途径等各个方面的根本性改变。

---

① 刘奕．多元智能视野下的教师专业发展［J］．当代教育科学，2004（9）：48－49.

一、目的：从“工具人”到“生命人”

工业化建基于技术理性之上，它需要的是有一技之长的人才，这种人才在作为“教育工厂”的学校里，流水线般地批量生产。而教师也就理所当然地成了流水线上的“工人”，遵照预先设计好的“图纸”，按部就班地把知识灌输给学生。“因而产生教师身份的‘企业化’概念——教师被认为是理想教育服务和产品有效的负责的提供者……教师因此被视为执行他人制定行动与计划的技术性实行者。”① 教师扮演的社会角色主要是一种工具性角色，发挥教书育人的工具性功能。而国家、政府“对教师专业发展的研究或政策的制定，更多的是从促进学生发展和社会进步所需要的教师的角度出发”。② 对教师个人的内心需求却甚少关心，学校几乎从来都被当作是促进学生发展的地方，教师就是促进学生发展的工具。

教师教学个性的发挥，首先需要教师成为“生命人”。“生命人”是相对传统教师专业发展理念偏重“工具性”价值和功能而言的，它意味着教师不仅仅是受人操纵、履行某种社会职能的“机器”，而是有情有欲，有内在发展需求的人。教师是“社会人”，教师职业的社会性决定其必须扮演特定的角色，必须为一定的社会服务；但同时，教师也是“自主的人”，必然有着自身的意义追求，有着自我实现的最高需要，两者缺一不可。因此，新的教师专业发展的价值观是教师外在的职业工具价值与内在个体生命意义的统一，是“自我”与“角色”的融合，是“将教师作为‘人’的一般性和教师职业角色的特殊性统一起来，即人之为师，首先是人，然后才是师”。③ 作为人的教师在“育人”过程中应发挥应有的灵活性和情意

① SACHS J. Teacher Professional Identity: Competing, Discourses, Com peting Outcomes [J]. Journal of Educational Policy, 2001, 16 (2), 149-161.

② 袁利平，陈时见. 人学视野下的教师专业发展 [J]. 高等教育研究，2007 (12)：66-71.

③ 明庆华，程斯辉. 论作为“人”的教师 [J]. 课程·教材·教法，2004 (11)：83-86.

性，使教师角色的工具化转向角色的人格化。唯有如此，才能避免“育人”的机械化，才能让教师真正拥有独立的人格和主体意识，这两点正是教师发挥教学个性的前提。

二、内容：从侧重普适性知识到重视教师的实践性知识

以培养“工具人”为目的的传统教师专业发展理念注重统一性和高效性，在专业发展内容上由国家制定标准，在职前培训期间强调学科知识、专业技能的学习；而在在职进修和工作过程中，则重视宣传和推广“名师”的成功经验。“当前，有关教师专业发展的理论思考和实践探索大多基于这样的理论假设，即个体专业发展就是将优秀和骨干教师身上带有经验性、典型性的‘特征’传递给师范生或新任教师的过程。这种假设暗含着两个前提，即优秀教师的成功做法具有普适性，同时，属于教师专业领域内的职能素质信念与能力系统都是可以言传、外显的。”①

美国当代著名心理学家、教育家斯腾伯格（R. Sternberg）认为，教师知识可分为三类：内容知识、教学法的知识、实践的知识。前两类知识倾向于客观性和普适性，而第三类知识则带有鲜明的教师个体主观性。传统教师专业发展理念强调教师对学科知识和普适性经验的掌握，强调对教师行为和技能的训练，忽视教学的情境性、复杂性和教师的主体性，忽视教师知识的实践性、经验性和个人性。要让教师教学个性得到解放，我们应该在教师专业发展过程中重视教师个体实践知识的生成。所谓教师的个体实践知识，“是指教师在具体的日常教育教学实践情境中，通过体验、沉思、感悟等方式，发现和洞察自身的实践和经验中的意涵，并融合自身的生活经验以及个人所赋予的经验意义，逐渐积累而成的运用于教育教学实

① 韩冬云．教师专业发展的内涵、问题与趋向［J］．辽宁教育研究，2005（3）：65－67.

践中的知识以及对教育的认识"[①]。它是教师个体在特定的教育教学情境中的行动和反思所建构而成的，必然受到教师个体的个性、知识储备、自我形象及所处教育环境的影响，从而自然而然地打上了个体性的烙印。它包括非正式的、难以表达的教学技能、技巧与经验，以及个人的价值观和心智模式等。根据存在方式的不同，教师个体实践知识大体上可以概括为相对稳定的个人教育观念、教学技能和多变的个人临场教育智慧（教学机智）两大类。

（一）个人教育观念、教学技能

教育观念是个体对教育本质、目的、功能、价值等各个方面的总的观点和信念。教育是有层次区分的，每个阶段的教育在具体的目的、功能、价值上都有一定的差别。同时，教育也有地域之分，比如基础教育，东部和西部在教育功能、目的上就有所不同，而城市和农村的教育目的和价值也各有特色。另外，教育观念在一定程度上受个体的人生观、价值观、世界观以及生活阅历的影响。处于不同层次和地域的教师，由于生活和工作环境不同，个人教育背景不同，对教育过程本质、教育功能和价值就会有不同的感悟，从而逐渐形成较稳定的个人教育观念。只有适当肯定教师个人的教育观念，让其统领教师的职业生涯，才能使教育工作的"社会性"和教师的"个人性"融合为一，才能赋予教学活动以个体生命实践的意义。个人教学技能深受个人教育观念的影响，它不同于经抽象概括而成的教学方法和策略，它和教学情境紧密相连，是特定教育者和特定教育对象在特定场域相遇的结果。个人教学技能难以上升为普遍性的方法和经验，因而不具有被传递、推广的可能性。但是，这种教学技能实实在在存在于教学活动中，它伴随教师工作的始终，是教学活动顺利开展的支持条件，也是形成教师独特教学风格的基础。

① 姜美玲．教师实践性知识研究［D］．上海：华东师范大学，2006.

（二）个人临场教育智慧（教学机智）

教学机智是教师瞬间知道该怎么行动的一种与他人相处的临场智慧，它具有情境性和多变性，它是个体性的智慧，和人的性格、阅历分不开。现象学教育学理论认为，教学活动是在多变的情境中展开的。“学会教学的所有技术却仍然不适合做教师，这是有可能的。”① 因为，要在情境中抓住转瞬即逝的教育契机，灵活从容地应对教学“变故”，光靠那些专业知识和普适性的教育教学规律和方法策略是远远不够的。教师“在每一个情境中都要求有所行动”②，教师在多变情境中能否采取有效的行动不是看他是否背诵了大量的教学方法、原则，也不是看他是否运用了公认有效的教学模式，而是看他是否具备应对情境的能力和素质。这种能力和素质除了教师个人独特的教学技能、技巧之外，还包括成为一名合格教师所需要的那些不能被正式传授的东西：教育智慧的最具个性色彩的体现，也即教学机智。叶澜教授说：“具有教育智慧，是未来教师专业素养达到成熟水平的标志……教师的教育智慧使他的工作进入到科学和艺术结合的境界，充分展现出个性的独特风格。”③ 有了教育智慧，教师才能从容面对教育中出现的各种问题，才能够在教学中坚持正确和长远的教学价值取向，优化教学目标，提高教学效率，才能在把握教育教学规律的基础之上，创造性地开展工作，在工作中展现“自我”。

三、途径：从行为主义到体验与反思

传统教师专业发展模式以普适性的知识和经验传授为主，无论是知识传授还是经验的推广，走的都是一条由外到内的刺激——反映的行为主义

---

① 马克斯·范梅南．教学机智——教育智慧的意蕴［M］．李树英，译．北京：教育科学出版社，2001：14.

② 马克斯·范梅南．教学机智——教育智慧的意蕴［M］．李树英，译．北京：教育科学出版社，2001：54.

③ 叶澜，等．教师角色与教师发展新探［M］．北京：教育科学出版社，2001：26.

路线。它侧重教师培训，认为应由教育专业研究者通过科学研究来发现教育教学中所需要的知识和能力，并通过培训和课程将这些知识和能力传授给教师。这种范式把教师当作纯粹的监督、管理对象，“以往的教师发展更多的是教育行政部门或学校考虑的事情，管理部门通过制定政策、组织培训、组织比赛等活动来提高教师，教师只是教育政策和学校计划的接受者、执行者、被培训者”①。教师在严密的监管之下，完全处于被动适应的地位，没有丝毫的主动性和选择权利，在行动上只能亦步亦趋，毫无创意，因而在统一中失去了应有的个性和区别。

传统教师专业发展理念把教师当作没有生命性的“工具”使用，这导致了教学活动与教师个性生活的疏离。对教师而言，教学只是一种没有个人信仰，用以谋生的职业劳动，除了机械地完成上级赋予的任务，教师很难体会到课堂教学的乐趣。教学沦为纯粹的知识传授过程，教师的情感、人生观、价值观等带有个体主观性的东西都被驱逐出课堂。而对普适性经验的重视，往往使青年教师在学习名师的经验后，顺理成章地成为了又一名“名师”，这种结果反映在教学实践中，便是课堂教学过程的“复写化”。同时，那种基于行为主义的教师专业发展方式，更多地强调由上而下的规训，教师在顺应外在要求的过程中，很难发挥主动性和创造性，其结果是主体性、能动性的失落，长此以往，教师由不情愿而不得以为之，逐渐沦落到麻木不仁的境地，最终养成了对外来经验的依赖，全无个性创造的想法和意识。

“专业自主发展意味着教师专业发展是自己的发展，是根据自己的实际提出的有针对性的、个性化的发展，而不是千人一面的发展。”② 促进教师教学个性发挥的教师专业发展不是靠整齐划一、由外到内的培训、“灌

---

① 钟祖荣．论教师专业发展的现代理念［J］．中小学管理，2003（1）：30－33.

② 袁利平，陈时见．人学视野下的教师专业发展［J］．高等教育研究，2007（12）：66－71.

输”就能实现的，它需要教师自主地去体验和反思。个人教育观念、教学技能以及教学机智主要靠教师自觉的反思，通过教师的教育叙事和行动研究等途径来生成。

（一）在实践中体验

体验是人对生命意义的把握。“体验以生命为前提，它直接将对象融入自己的生命意识之中，它超越主客二分的机械模式，将自己、社会、他人、自我作为一种整体，用自己的整个生命去参悟和体会；它超越时间的限制，将过去、现在、未来集于一瞬，将个体的精神敞放开去拥抱世界，使生命处于永不休止的创造和运动状态之中。”① 体验作为人与外在世界的一种关系方式，首先它不同于由外而内的反映，反映强调对客观规律的认识和接受，宣扬人的认识任务就是像镜子一样去反映客体，从而使人在与外在世界无法融为一体，无法凸显个体人的特色；其次，它也不同于一般的经验，而是“一种注入了生命意识的经验……是一种内化了的知识经验、个性化了的知识经验”②。在教育教学活动中，教师将个人生命实践与教学活动作为一个整体，而其过程也就是生命主体间、主体与类主体间的交流对话。教师以其个体的主观经验、热情、信念、价值等参与、卷入到教育教学实践中，从而在体验的基础之上结合特定的教学情境，不断、可持续地建构起个人的教育观念、教学技能，丰富自己的教育智慧。这些通过实践所形成的知识不仅包含其热情、情感、意志，而且还具有信念性，是一种属于教师个体的知识，是一种个人化的体验、个人化的知识。

（二）在叙事中反思

反思即事后的思考，其目的是从“前事”中找到有益的经验。教学作为一项专业的实践，其特点在于情境的复杂性，问题的复合性和技术的不

① 孙俊三．教育过程的美学意蕴［M］．长沙：湖南师范大学出版社，2005：194.
② 孙俊三．教育过程的美学意蕴［M］．长沙：湖南师范大学出版社，2005：202.

确凿性，教师必须要不断地对教学实践经验进行反省，方能不断生成和更新教师实践知识。同时，只有养成反思的习惯，才能将过去的经验不断地融入现在，指导未来，才能形成个体性的智慧和才艺。“机智就是在具体情境中体现自己反思性的智慧。”① 教学机智不是普遍性的规律原理，它更多地与教师个体的认知风格、气质特征相关。它是教师在特定的教学环境中日积月累的结果，或者可以说，这种个体性智慧虽然与教师的“先天”因素有关，但绝不是先天的产物，而应该是后天努力的结晶。主动反思，正是教学机智养成的重要前提和基础。在教学实践中，教师可通过教学日记等叙事方式进行及时的反思。具体而言，教师用日记、心得记下每天的教学活动，然后有针对性地分析那些出现于课堂教学中的“事故”，对“事故”的原因、过程以及当时的应对策略进行事后反省和总结，审视自己在“事故”中的所作所为。在此基础之上，教师把教学“事故”概括为不同的类别，并在结合个人气质、性格、知识结构和背景的前提下，归纳出不同类型“事故”的应对方法。长此以往，这些带有个体性、情境性的方法策略逐渐融入教师的头脑，从而形成了教师独有的解决教学问题的智慧和才艺。

（三）在行动中探索

行动研究作为一种与传统研究方法有别的研究方法，它将实践行动与理论研究结合为一体。教学行动研究具有五大特征：立足特定情景；以特定语境为基础；重视观察研究活动；直接参与作为研究对象和内容的教学实践活动；对教学实践活动进行自我评估。在行动研究中，教师既是行动者也是研究者，研究的对象是自己的教学行为，研究的目的是改进教学行为。教师通过对教学过程的感受，意识到教学中存在的问题，然后提出有

① 马克斯·范梅南．教学机智——教育智慧的意蕴［M］．李树英，译．北京：教育科学出版社，2001：270.

针对性的解决方法并制定、实施教学方案以期解决该问题，最后收集分析数据，评价教学行动结果，再从结果中找出新的教学问题以便进行下一轮研究。如此循环往复，教师通过行动研究不断生产和创造新的知识，而不再只是知识的“接受者”。教师在行动中探索到的知识基于特定的教学场域，它不是普适性的真理，而是经过澄清后明晰了的教师个体的实践知识，是带有鲜明个性的教学方法与技能。

第二节　教师影响力重建与教师教学个性生成

教师影响力指教师对学生思想、行为等方面的引领、控制能力。建基于农业社会的传统教师影响力，主要借助于社会赋予教师的伦理等级、知识垄断与道德高度，其结果是导致教师“自我”的消退，教师教学个性在教育教学过程中被遮蔽。当下社会转型时期，教师影响力必须实现由外而内的重建，即由教师个体的人格魅力、知识创新与教育艺术内发出对学生的吸引力、引领力和感染力。在教师影响力重建的同时，教师“自我”得以在教育教学过程中显现，教师教学个性由此生成。

教师影响力即指在教育教学过程中，教师对学生思想、行为等方面的引领、控制能力。“教师的教育影响力可以这样理解：即是指教师在与他人（主要是指学生）的交往中，影响和改变他人心理和行为的力量。”①“从所指对象上来说，教师的教育影响力主要是指教师对学生心理与行为的影响。从使用工具或载体上来说，教师是以自身的整体素质和社会赋予他们的权力对学生施加影响。从影响过程上来说，这是在教师与学生的交往互动中产生的，是教师人际交往能力的体现之一。从作用的形式上来

---

① 李冬荣．论教师非权力影响力及其提升机制［D］．南昌：江西师范大学，2007.

说，教师的影响力对学生发展起着感召力、推动力和控制力的作用。”① 从教师影响力概念可知，教师影响力的产生需要一定的中介物质和具体的接受对象，中介物质既可以由外界赋予，也可以产生于教师个体内部，影响力生成的实质就是教师利用中介物（因素）对学生施加影响，从而使学生发生预期变化的过程。由外界赋予的中介物包括教师的社会地位、法律权利、伦理等级与道德高度等，由教师个体内部生成的中介物有个体人格魅力、教育艺术等，根据产生影响力的中介物的不同，可以把教师影响力分为外在（权力性）影响力与内在（非权力性）影响力。

教师影响力主要产生于教育教学过程中，最终目的是让接受对象（学生）发生预期的改变，是为了人的培养。由此可知，社会对所需要的人的规格不同，教师影响力也应有相应的变化。因此，教师影响力是一个历史范畴，随着社会的发展，产生教师影响力的各种内外因素都会有所改变，其结果是教师影响力的具体内容及其结构特征也会进行相应的演变。教师教学个性的核心是教师“自我”在教育教学活动中的显现，不同时代教师影响力的具体组成内容与结构特征不一样，教师“自我”在其中的显现程度有着很大的差异，因而教师教学个性发挥也各不相同。

从春秋战国到20世纪中叶，从孔子、朱熹到蔡元培、陶行知，中国教师在维护社会统治秩序、“建国君民”过程中发挥了不可替代的作用，其影响力自然非常显著。不过，长期处在农业社会封闭性场域中的教师，由于其身份、角色的特殊，在教育教学活动中对学生的影响力发挥方面也具有很浓的时代色彩。在几千年的农业社会中，教育的首要任务是化民成俗，同时为统治阶层培养社会管理人才。化民成俗即向民众灌输维持社会秩序的伦理准则，使其成为统治者所需要的顺民；而管理人才的培养，其

---

① 胡朝兵，张大均．论教师的权威、威信与教育影响力［J］．教育理论与实践，2004（2）：23－26.

前提是“成俗”，而且在遵守伦理准则方面必须比一般人做得更好、更到位，即所谓“学而优则仕”。由此可知，在农业社会时期，教育其实只做了一件事：教化百姓。即使20世纪新中国成立后，在很长一段时间里，教育被赋予了鲜明的政治色彩，重视意识形态灌输，把学生培养成社会主义建设的砖瓦成了教育的首要政治任务。对教育政治功能的过分突出，以及对知识代际传承的重视，使得几千年来我国教师影响力的形成不得不依靠外在因素的支撑。

传统教师影响力主要来源于伦理等级、知识垄断与道德高度，对教师来说，这三者都是由外界赋予的，与个体自身没有太多关联。首先，伦理等级的维护需要教师扮演好社会伦理主体的角色。为了保持作为师者的威严，在师生交往过程中，教师大多数时候必须隐藏好自己的喜怒哀乐，在学生面前深埋个人情感。因此，在中国古代的文学作品以及人们的传统印象中，教师永远是穿戴整齐、不苟言笑，手拿戒尺踱着方步的腐儒形象。其次，教师对知识的垄断，除了农业社会信息传播渠道单一，教育不普及等原因，另一个重要原因是在教育教学活动中不允许个体对知识进行创新。德性知识是为农业社会的长治久安服务的，要实现社会的稳定，其前提是界定人伦秩序的规范不发生改变。这就要求在教育教学过程中，教师只能对祖宗、先人的思想观念做完整的传承，而不能够表述自己的看法与见解。最后，道德高度的建立，实际上就是对教师道德的人为拔高。把教师贡上神坛，其代价是不得不牺牲教师的“人性”。在人们大力宣扬教师安贫乐道、无私奉献的精神的同时，教师的现实生活被无视，个体的生命表现欲求被社会粗暴的剥夺，个体的生命实践被无情地从教育教学活动中清除。

总之，传统教师影响力主要依靠外在因素的赋予，教师要想保持其影响力不受损伤并尽力扩大，就必须严格遵循社会对其的角色要求，履行好社会伦理主体、知识储存器与传播者、社会道德模范的工具性功能。工具性功能发挥得越好，其影响力越大，而同时，工具性角色的扮演以牺牲教师“自我”为代价，因此，传统教师影响力的发挥过程也就是教师教学个性被遮蔽的过程。

从鸦片战争西方列强打开古老的东方帝国大门开始，近现代工业文明给密不透风的农业社会带来了从未有过的震撼与冲击，在“西风东渐”过程中，中国农业文明在社会制度的急剧变革中支离破碎，农业文明的重要载体——教师也在时代巨变下，从社会地位到教育影响力都发生了天翻地覆的变化。随着中国农业社会的衰落，原来维系社会秩序的伦理等级土崩瓦解，教师作为伦理主体所具有的支配力量也被彻底消解。而现代民主平等思想的盛行，使师生关系逐渐走向人格平等，教师对学生的伦理控制失去了存在依据。其次，信息化社会的到来，知识储存与传播的渠道增多，学生可以很便捷地通过网络等各种途径获得所想要的知识资源。同时，义务教育的实施，教育的普及让拥有知识的人群不断扩大，教师的知识垄断地位动摇，教师凭借知识对学生的约束力也大打折扣。最后，即使是教师引以为自豪的道德高度，也在市场经济的冲击下，不断被削弱，现代教育的法治化，使得教师个体的道德高度从原来的社会道德标杆转变为一般的职业规范，而人本主义思想的兴起，教师作为人的正常需求得到正视，教师从神坛跌落，对学生的道德驱动力受到减损。

在教师从外界借来的控制力、约束力逐渐失去的同时，教师影响力的接受对象——学生也在发生改变。20 世纪末以来，知识经济时代对创新人才的呼唤，让教育不得不对自身的人才培养标准做出及时调整：从接受型、模仿型的管理人才、技术人才转向独创型、自主型的创新人才。创新人才培养的切入点是养成学生的独立人格以及健全的身心，学生作为人的主体性、自由性得到前所未有的重视。而人本主义思想的盛行更是让人们对于学生个性化培养有了新的认识，教育不再是为社会发展提供单一的有用“器材”，而是首先培育具体的、个性化的人。人的复杂性决定了人的培育不能靠简单的外在力量所驱动，它需要来自人与人之间所产生的“人性力量”。有鉴于此，教师影响力在失去传统依靠的同时，必须审时度势，顺应时代潮流，充分挖掘教师潜在的内部能量，实现由外到内的路径转变。除了必要的制度权力保障，当前教师影响力的重建应该注重教师“自我”潜能的开掘，生成由内而外的吸引力与号召力。

一、从依赖伦理等级到倚重教师的人格魅力

农业社会生产对自然、人力的依赖，决定了其保守封闭的特性。维持社会稳定是生产与生活的重要前提，因为人们开展生产与维持生活的主要资源——土地的固定性，使得人们祖祖辈辈只能待在同一块土地上。人口不流动的特征让人际关系、人伦秩序的维护变得尤为重要，由此产生了以儒家思想为主的中国伦理文化。尽管“三纲五常”中没有对师生间的伦理关系做具体界定，但早在春秋时，荀子就已经明确提出了“天地君亲师”的思想，教师成了仅次于父母的社会伦理主体，而师生关系也自然是仅次于父子关系的社会伦理体系的组成部分。伦理等级强调人格依附与思想行为的绝对服从，在漫长的封建社会中，学生在人格上是教师的附庸，在思想行为上是教师的追随者与效仿者。师生间的伦理等级差距，既是维护社会秩序的需要，同时也是促使学生社会化的手段。如果学生不服从老师，对教师的言行置之不理，不接受教师的思想行为影响，那就是欺师灭祖。其结果肯定是遭受非常严重的舆论谴责与直接的身心惩罚，这种惩罚不仅会给学生带来当下的身心损害，更有可能导致长期的负面影响。

在这种伦理等级所带来的巨大压力下，教师在教育教学过程中成了天然的支配者，学生为了避免惩罚，不得不服从教师，对教师有针对性的言行做出预期的回应。教师对学生发号施令，对学生思想、行为做出各种要求与约束，在社会各界看来，都是教师履行职责的天经地义之举。

著名教育家苏霍姆林斯基说过：“只有人格才能够影响到人格的发展

和规定，只有性格才能养成性格。”① 人格乃人之为人的全部属性的外现，其前提是个体“人性”的充分释放，因此，人格与个体人的特性紧密相连，有什么样的人性，就有什么样的人格。对个体而言，人格具有独一无二性，是个体“自我”显现的重要载体。在教育教学过程中，教师的人格既是育人的中介，同时也是教师对学生施加影响的有效手段。“所谓教师人格，是指教师作为教育职业活动的主体，在其职业劳动过程中形成优良的情感，合理的智能结构，稳定的道德意识和个体内在的行为倾向性。”② 教师人格魅力是教师个体基于人格特性的一种综合素养，它以人的个性、态度为核心，是个体的内在素质体现，是在师生交往中基于平等之上的教师个体言行举止、为人处世方式所产生的由内而外散发出来的一种力量。“教师的人格魅力是基于其出类拔萃的人格构成而升华起来的、通过长期的教育实践而形成和发展的独特的感染力、影响力与号召力之总和。”③ 教师人格魅力主要形成于教育教学过程中，具体而言，教师通过对学生学习、生活上的关心，以及为人处世中的公正公平等品格，在学生心中产生对教师的亲近与信赖之情。“这种师生间的情感影响，常常胜过强迫意志的说教。”④ 在今天，由于种种原因导致不少孩子与父母的长期分离（如留守儿童），对这些长期缺乏父母亲情的孩子来说，这种情感显得尤其重要，对他们的身心发展与个体成长产生的影响非常明显。

二、从依靠知识垄断到突出教师的知识创新

在实施义务教育以前，能接受教育的人只占整个人口的极少数，加之长期以来社会信息传播渠道的单一，知识被上层社会所垄断，即使有了春

---

① 苏霍姆林斯基．给教师的一百条建议［M］．天津：天津人民出版社，1981：159.

② 方惠娟．论教师的人格魅力及其潜教育价值［D］．苏州：苏州大学，2010.

③ 同上。

④ 叶澜，白益民，等．教师角色与教师发展新探［M］．北京：教育科学出版社，2001：136.

秋后期的“学术下移”，也因为教育的不普及，知识始终掌握在少数人手中，而教师无疑是少数人中的最重要部分。

农业社会所需要的知识，在类型上主要为人文治世之术，即有关为人处世的礼仪规范，也即所谓的“道”。“道之所存，师之所存”，教师手握社会的稀缺资源，道行越深，就越能满足学生的知识需求。为了获取到个体生存与个人发展所需要的知识、技能，学生必须对公共知识的载体与社会要求的代言人——教师虚心学习。这一点对于广大梦想“学而优则仕”的莘莘学子来说，更是如此。只有接受教师“传道授业解惑”，学生的人生梦想才有实现的可能。学生愈是恭敬认真，就越有机会得到教师的青睐，就更有可能从教师那里接受到稀缺的知识资源，这种依附心态同样使教师对学生的支配、控制更有成效。而正是因为学生需要借助教师的知识成就自己，所以教师在传授知识的同时顺利实现了对学生的约束与控制。

与培养守成、温顺型人才相呼应，农业社会中的教育侧重于知识、经验的代际传递，教师“述而不作”，也能以拥有社会稀缺资源——知识而迫使学生不得不依附自己。创新人才强调创造力的重要性，而创造力的养成，除了人格的独立性，还需要通过在教育教学活动中的创新行为来保证。其中，作为教育内容主要成分的知识的创新，是保证学生创造力培养的关键。

从性质上看，教育教学过程中的知识创新并不是要师生从无到有地发明新的规律、原则，而是基于原有知识的重新建构。在这一过程中，教师把自身的生活阅历、知识背景等个性化因素融入他者的知识体系中，从而形成对原有知识的新诠释。个体对知识的诠释能力在信息化社会尤其重要，既是提升学生创造力的主要途径，同时也是增强个体对铺天盖地的信息进行鉴别与利用的需要。对知识的再建能力与个体自身的生活阅历、知识储备紧密相关，教师凭借自身的经验优势与敏锐的洞察力、鉴别力，在师生共同的知识建构中，用自身的实际行动，指导学生对知识的辨别与再造活动，从而产生了对学生知识学习的引领力。

三、从借重道德高度到重视教师教育艺术

以人伦规范为主要内容的德性知识，要增强其在代际传承时的效果，一种最简单的方式就是以身作则，即所谓“学高为师、身正为范”。另外，年青一代更好地掌握人伦规范，加强个人修养，更有利于社会的长治久安。为了这一目的，历代统治者的共用策略，就是树立各种各样的道德典范，以此加强对全社会的道德引领。

作为社会职业群体，一个人只要踏上讲台，就意味着对社会伦理规范的自觉遵守，就必须用自身的品行捍卫教师的卫道士形象。因此，直至20世纪中叶，社会对教师的道德要求一直居高不下，而且给教师的道德引领角色赋予了更多的称号与头衔：春蚕、蜡烛、太阳成了教师道德高度的代名词。在外界包装的神圣光环之下，教师与学生之间被人为地建造了一条道德跑道，教育教学的过程，不仅是掌握知识、技能的过程，同时也是学生从道德跑道一端努力向另一端追赶的过程。对学生来说，教师被社会树立为道德规范践行的标杆，他们要想更好地社会化，求得社会的身份认同，就必须向老师看齐，想方设法努力缩小师生间的道德差距。这种努力的实质是学生对社会要求的主动接受与践行，但从师生间的关系看，所表现出的就是学生对教师支配力的回应与配合，在师生间不断缩小道德差距的过程中，教师对学生的驱动力得以生成。

教师影响力的实质是在教育教学过程中教师言行对学生所产生的实际效果。在现实生活中，同样的教育内容，同样的教育对象，不同的教师往往会带来不一样的影响力。究其原因，除了教师个人的人格魅力与知识识见等因素外，采用什么样的教育教学方法也是不可忽视的方面。

教师对教育教学方法的运用，大体可分为四层境界：生硬照搬照套—熟练组织现有方法—基于情境的灵活应用—形成教育艺术。不同境界对学生所产生的效果有着客观差异。只会套用别人方法的教师，往往因为所用

方法缺乏与个体内在因素、教育情境的契合，既不能做到对方法驾驭的得心应手，也无法调动学生的情绪，所以也不可能有太多的效果。要想在去掉由教师道德高度带来的驱动力之后，让学生能够主动、自愿地跟随教师学习，就必须在外界环境、教师内在因素与方法之间寻找到一种浑然天成的契合点。这种契合点的实质，就是教师个体的生命“自我”与作为生命主体的学生以及共同生活的环境特性有机相融，是教师作为人的个性与一般方法的合二为一，是教师个体生命实践与教育教学过程的相依相存。契合点的完成，教育教学过程既是育人的社会活动，同时也是师生个体生命不断敞开的生活过程。在这一过程中，方法已被赋予“人性”，成了教师独特个性外现的载体，成了教师个体生命实践展开的途径，方法与人的融合，其结果就是教育艺术的形成。

“教育艺术强调师生间认知上达成共识、道德上实现共志的同时，更关注师生间情感互动与共鸣。”① 当教师的方法运用到了教育艺术的高度时，教师既能察觉到教育情境的特点，又能兼顾到作为生命主体的师生的可变性与生成性，因而能在不断变化的生命实践中，抓住每一个教育契机，以其个性化的即时行动化解教育事件，激发学生的情感共鸣，收到事半功倍的成效。“只有当教师的存在以一种个人的方式体现在课程当中时，只有当他或她能够让大家看到这门课与他或她的个人生活之间存在着一种活生生的关系时，课堂气氛才能从死板的权威式的约束转变为生气勃勃，充满活力。”② 教育艺术的运用，常常让学生欲罢不能，要么带来柳暗花明般的惊喜，要么带来醍醐灌顶式的领悟。

总之，教师影响力实现由外而内的转变，其实质是教师“自我”的回归与凸现，是教师教学个性的生成。教师人格魅力的展现，其核心是教师

---

① 彭文晓. 教育艺术论［J］. 湖北大学学报（哲学社会科学版），2011（4）：120－124.

② 马克斯·范梅南. 教学机智——教育智慧的意蕴［M］. 李树英，译. 北京：教育科学出版社，2001：262.

能以真实的“自我”与学生坦诚相待，从所扮演角色的工具性中尽力挖掘个体的人性，使作为具体人的独特性得以外显，从而形成惺惺相惜的情感共鸣。而对知识创新是教师用自己的方式对他人知识进行的个性化解读，在知识创新中，代表教师个体“自我”的人生观、价值观充分体现，个性化的思想、观念及个体的生活经验等都找到了向外释放的平台。教育艺术的形成是普适性教育教学方法与个体性的生命实践合二为一的结果，“教育艺术的个体性是教育艺术的生命线”,① 教育艺术所追求的灵活性、审美性，都离不开教师个体生命实践的支撑，它是教育技术遇上教师个体智慧、灵性后所产生的华丽蜕变，是教育教学方法在运用者身上实现的个性化提升，是教师教学个性的完美显现。

第三节　教师教育生活重建与教学个性生成

教学个性即教师“自我”在教师教育生活中的凸显。古代教师教育生活中“成人”（成就他人）与“成己”（成为自己）自发统一，教师教学个性得以原初呈现。现代技术人培养使“成人”生活过度膨胀，在“成人”挤压“成己”的教师教育生活中，教师“自我”被消解，教学个性受到严重抑制。当代创新人才的培养，促使教师教育生活蜕变为基于批判的自我创造活动，通过“成己”对“成人”的引领，教师“自我”回归，教学个性得以在教师教育生活中生成。

教育生活是相对于日常生活的概念，其意指有别于一般生活的、旨在培养人的特殊生活形态。“教育生活是一种特定的生活，它不是人的生活世界的全部，是在特定的时间、空间、场景由有特点的人所共同建构生成

---

① 彭文晓．教育艺术论［J］．湖北大学学报（哲学社会科学版），2011（4）：120－124.

的。"① 尽管是特殊的，但既然是生活，就有相应的生活主体。教育生活的主体即其建构者：教师与学生，两者共同创造了教育生活，两者的所作所为构成了具体可感的教育生活过程。同时，因为师生在教育过程中所扮演的角色不一样，两者在教育生活中所发挥的作用不同，所体验到的生活感受也有差异。因此，如果从师生在教育生活中所扮演的角色及其作用的角度给教育生活分类，自然就有了教师的教育生活和学生的教育生活。

当然，教育生活是一个整体，离开了师生中的任何一方，它就不复存在。但事实上，同样的教育生活对师生而言，意味着不同的价值与意义。对学生来说，教育生活就是个体的身心发展与生命成长，就是个体生命实践的展开；对教师来说，教育生活首先是一种培养人的职业活动，教师的首要任务是培养更多的人、更好地培养人。从伦理与法理层面看，学生的教育生活只关涉个体成长，而教师的教育生活则必须成就他人（培养人）。人的身心发展有一定的规律，同时人的培养还必须遵循特定社会的要求，"成人"（成就他人）的教育生活，意味着教师不可能随心所欲，意味着教师过的并不是纯粹的、自主的私人生活。但不可否定的是，无论"成人"的教育生活怎样特殊，归根究底需要作为人的教师来完成，它是教师个体生命实践的重要组成，是生命实践展开的具体方式。在"成人"的活动中，作为人的教师慢慢消耗生命，一天天变老，它同样让教师体验到了人生中的喜怒哀乐，同样让教师在"成为自己"的过程中成熟成长。

由此可知，从理论层面看，教育生活在教师身上的体现，是"成人"（成就他人）与"成己"（成为自己）看似矛盾对立实则相辅相成的有机融合。当然，由于社会发展阶段的不同，人的培养规格、培养方式各有所异，实际上，"成人"与"成己"在教师教育生活中各自所占的分量并不均衡，而二者的偏向或侧重，总会影响教师个体生命实践在教育生活中的

---

① 文雪．教育生活：一种教育人学观［J］．教育导刊，2006（9）：4－7.

展开程度，进而决定了与个体生命实践息息相关的教学个性的生成。

教学个性即教师“自我”在教育教学过程中的实现，“一方面，它包含了人的创造性以及由创造性带来的独特性，具体表现为教师对教材知识的开发、加工以及对教学方式方法的创新；另一方面，相对‘工具性’而言，它追求教学过程与教师个体生命实践的合一，在教学活动中使教师的人生观、价值观、主体情趣和人生追求得到充分的实现”①。在具体层面上，教学个性表现为教师的主体性发挥和创造性显现；在总体层面上，教学个性即教师在育人活动中凸显“自我”、成就“自我”。教学是教育活动的最主要部分，因此，教学个性的发挥程度，是衡量作为人的教师的主体性、能动性在教育生活中体现的重要依据；而反过来说，教师在教育生活中“自我”的实现情况，自然也成了考量教学个性生成的重要指标。

简单来说，“成人”要求教师的教育生活紧紧围绕外在目的，成为一种功利性的工具性活动，而“成己”则体现了作为主体人的教师在教育生活中追求自我生命完善与自我潜能发挥的内在精神渴求。在制度化教育形成之前的古代，学校教育体系尚未建成，整个教育处于一种自由自为的状态。加上古代教育内容与个体生活实践的紧密联系，教师的“成己”与“成人”在教育生活中表现为原始的统一。

如果追溯教育产生的历史，我们发现，教育生活最初是与日常生产、生活混在一起的。即使到了奴隶社会中后期出现了专门的学校教育，依然能找到两者交织的痕迹。对教师来说，“成人”的教育活动与“成己”的个体生命实践常常相交相合。表现之一就是古代学校教育场所尚未彻底与日常生活场域隔开，大多时候处于开放半开放状态，教育生活展开的场所并不只限于学舍、课堂，教师可以根据实际需要或个人喜好把学生拉出校

---

① 黎平辉．教师教学个性的现实困境及出路——一个制度分析的视角［J］．全球教育展望，2009（2）：56－61.

舍。如孔子讲学，其场所遍布他个体日常生活场域的各个角落，可以在大树下、在河边、在师生的起居之所等。活动场域的重叠，使受外在功利目的控制的“成人”活动被赋予了更多的自由自主特性，因而呈现出鲜明的“成己”色彩。

除了开放办学，古代学校教育的另外一个特点是教师的兼职身份。除了那些最底层、最初级的蒙学与塾馆，其余阶段、层次的教育机构成员，大多是身兼数职的思想家、政治家。这一点在那些著名的教育家身上更为明显，对孔子、朱熹、韩愈等人而言，教育生活只是实现个体治国平天下的理想抱负的一部分。他们个体生命实践的最终目标，是以己之学实现改造社会的人生追求。因此，一方面，他们把“育天下英才”当成改造社会的过程，并从中体会到人生目标实现的快乐；另一方面，他们把个体人生信念的践履过程当成“成人”的教育活动过程，并在这一过程中用自己的价值观、人生观等影响学生，既向外彰显了个体的生命实践主张，又完成了育人的职责。如春秋、战国时期的儒、墨、法等诸家大师们为了宣扬自己的人生信念与改造世界主张而率领学生游学；明代东林党人带领学生参与国家政治活动，在践行自己政治诉求的同时实现“成人”的教育目标等。

与农业社会追求长治久安的政治目标相对应，古代学校教育所培养的是遵守伦理规范的德行人。培养德性人的教育生活，其实质就是个体习得已有道德规范并通过修身养性使规范得以践行的过程。一方面，正如孔子所言：“其身正，不令而行”，促进学生德性养成的最好方式，就是教师永不停息的人生修为与永无止境的人生境界追求；另一方面，“以德服人”的治世理念也需要教师在实现自己人生抱负的生命实践中重视个体的德行提升。可以说，教师提升自己的治世能力与素养本身，就是培养德行人的最佳教育内容，如此一来，“成人”的教育生活与“成己”的个体生命实践在内容上也有了很多雷同。

总之，在古代教师教育生活中，“成人”与“成己”通过场域重叠、过程交叉、内容雷同而达到一定的统一。不过，这种统一是一种原初的客观存在，它不是教师有意为之，而是在教育发展阶段中前制度化教育的必然反映。通过教育教学活动与教师个体的其他活动在场域、过程上的交叉、重合，教师对“成人”活动开展的具体场地与方式方法拥有较大的自主性与灵活性，教师的主体性得到了一定程度的发挥；但是，古代教师在教育生活中的个体“自我”实现及生命实践的丰富，并不主要依靠育人活动本身，而是寄托于育人之外的其他活动（如政治活动）。因此，“成人”与“成己”的统一是不纯粹的，实际上就是“成人”活动对“成己”活动的依附，而由教师“自我”实现决定的教学个性发挥，自然也是一种原初的自发行为。

随着大工业生产对技术人的大量需求，自由散漫的古代德行教育转变为了纪律严明的技术教育。现代教育制度的建立与完善，使教育生活逐渐走上了专业化、制度化、效率化的道路。对教师而言，“成人”生活与“成己”生活日渐分离，并在教育生活中占据了绝对优势，这种状况迫使“教师为教育而生、为教育而存在，教师栖居于学校的教育现场，他们全部的生存意义指向于学生的发展以及以此促进社会的进步”。①“成人”生活对“成己”生活的挤压，让教师“自我”无法找到立锥之地，教师教育生活沦为按照外在意志被动进行的机械性活动，教学个性也因此被严重抑制。

信息化社会的到来，知识本身成了最重要的生产要素，知识创造成了社会发展的最迫切需求。与此相呼应，人的培养也从工业化时代的技术掌握转变为创新能力的提高。创新人才培养的切入点是养成学生的独立人格以及健全的身心，学生作为人的主体性、自由性得到前所未有的肯定。另

---

① 罗儒国．教师教学生活研究的回顾与反思［J］．上海教育科研，2007（12）：25－28.

外，在人的培养规格发生变化的同时，人本主义思想风靡全球，对人的主体性凸显以及人的能动性发挥的重视体现于社会发展的方方面面。在人本主义思想影响下，人们对于学生个性化培养有了新的认识，教育不再是为社会发展提供单一的有用"器材"，而是首先培育具体的、个性化的人。事实上，人本主义思想流行与人的培养规格变化是相辅相成、互为表里的时代发展需求的共同产物。创新人才培养需要人的主体性解放，需要独立人格与批判性思维的养成。这些不能靠机械死板的"知识授受"来完成，而是需要来自人与人之间所产生的"人性力量"。毕竟"只有人格才能够影响到人格的发展和规定，只有性格才能养成性格"①。

因此，基于学生独立人格培养与批判性思维养成的教师教育生活，不再是教师遵循外在意志的、无意识的程序化活动，不再只是对已有客观性知识的认识与传播，而是让个体"自我"充分展现、让个体人生观、价值观等合理释放的生命实践过程。"教育不是简单的成人之学，而是成己而后成人之学。"② 教师教育生活中的"成人"生活再次与"成己"生活联手，不过，这种联手不再是原初的、自发的，而是一种自觉、自为的主动建构过程。诚然，教师教育生活重建不是简单之举，它涉及教育领域中诸如教育理念转变、教育体制革新等众多问题。不过，微观层面的实践探索与宏观层面的变革同样重要，即使目前整个教育理论体系尚没有完成更新，教育体制也尚处于变革之中，作为教育生活主体的教师，也不应该被动观望、干等时机，因为，只要"使用者或实践者在现有的理论体系中加入自己的策略，其不需要侵犯这个体系，但在其中呈现自我，这些策略游动于体系内外，同样构成了教育实践发展的组成部分"③。

---

① 苏霍姆林斯基．给教师的一百条建议［M］．天津：天津人民出版社，1981：159.
② 贡如云．教育：谁的生活［J］．河北师范大学学报（教育科学版），2013（2）：24－28.
③ 丁钢．教育与日常实践［J］．教育研究，2004（2）：16－20.

一、“成己”引领“成人”的基本路径——从“去我”的封闭性到教师“自我”回归

教育发展水平提高及其规模的扩大，促使育人活动从其他社会活动中脱离出来，从而逐渐实现其专业化。具体来说，专业化体现在两大方面：一是从职人员的专职化，要满足社会发展对教育活动的新要求，只有具备了教书育人技能、素养的人才有资格做教师，更为重要的是，一旦成为教师，就必须把所有心思、精力花在育人工作上，教师借助其他社会工作成就“自我”的其他路径被切断；二是育人场所的固定，为了营造所谓的育人氛围，现代学校普遍实施封闭办学，“成人”活动的场域彻底从教师个体的其他生命实践场所中退出，这导致了“教师的生活完整性受到破坏，日常性生活被迫隐退于教育教学之外。”① 在预设的、固定封闭的育人场域中，教师的教育生活被“成人”生活所独占，“成己”生活失去了生存土地。

“角色是指社会对某一特定人员的一套期待和规范，个体则被置于社会关系中的某个位置，理解和觉察社会对其的期望和规范，从而承担起相应角色。”② 角色是外界对人的期待，是外在要求在人身上的体现，外在要求一旦变化，社会对特定人员的期待也会随之改变，因而就意味着个体所承担的角色必须自变。对教师而言，社会期待是由所培养的人的性质决定的，人的培养规格不一样，社会对教师的期待与规范也不会相同。

为了更好地培养技术人，社会期待教师成为知识贮存器与社会教化的

---

① 薛忠英．回归与重建：基于教师生活的基础教育课程设计路径探析［J］．当代教育科学，2013（3）：23－25.

② 宋萑，张文霄．教师专业认同：从专业角色走向身份认同［J］．全球教育展望，2012（3）：56－62.

工具，需要教师居高临下地把社会要求加与学生，以此履行对学生外铄与驯化的任务。在承担工具性角色的过程中，教师的“自我”被挤压，人性被抽象，情意被挤兑，在物化、符号化的同时丧失了“成为自己”的可能性。而教师“成为自己”的可能性丧失，使教育生活成了纯粹的“例行公事”过程，变得僵化和了无生气。创新人培养需要学生主体性、能动性的养成，因此，社会对教师的期待也在与时俱进，即希望教师在扮演知识传授者与社会要求代理人的同时，挖掘与凸显作为主体人的人性。正如雅斯贝尔斯所言：“所谓教育，不过是人对人的主体间灵肉交流活动（尤其是老一代对年轻一代），包括知识内容的传授、生命内涵的领悟、意志行为的规范，并通过文化传递功能，将文化遗产教给年轻一代，使他们自由地生成，并启迪其自由天性。”① 社会期待的变化促使教师角色自变，其实质就是教师“自我”在教育生活中的回归，从而实现在教师教育生活中“成己”对“成人”的引领。

具体而言，教师应该在履行社会工具性职能的同时，应努力开掘常态的“人性”。教师应以“人”为身份，以“人”的思想、识见为导火线，既引爆学生的主体意识和创新思维，促进学生个体的健康成长，又在师生间的思想碰撞和观念交锋过程中表现“自我”，在“成就他人”的过程中“成为自己”。同时，“成己”对“成人”的引领，需要教师角色走向人的真实性，即日常生活在教师教育生活中的回归。教师以个体当下真实的、即时的生活态度与方式，引领学生在教育生活中的作为，既促使其形成积极健康的生活理念以及感悟生活、体验生活的能力，又有效促成了教师“自我”的凸现与生成。

① 雅斯贝尔斯．什么是教育［M］．邹进，译．北京：生活·读书·新知三联书店，1991：3.

二、“成己”引领“成人”的具体策略——从“忘我”的规范性到“自我”的话语张扬

为了在规定时间内培养更多的技术人才，育人活动过程被严格程序化、制度化，先做什么、再做什么都有事前制定的明文规定。凡是与规定相违，影响育人效率的因素都被清除出“成人”生活过程。在效率目标控制下，“成人”生活有如一条生产流水线，产品是按社会需求塑造的技术人才，而工人则是按部就班、机械操作的教师。长期的规范控制，使教师思想、行为体制化、固定化，使“人失去否定和超越自我的能力，陷入一种单一的生活模式中不能自拔”。① 不但让教师“成人”生活之外的其他生命实践事件无法上演，而且在日复一日的重复操作中，逐渐消磨了教师“成己”的意念以及寻求自我凸显的欲望、冲动。

话语是“人们在特定的历史条件与社会环境下，决定自己该说什么，怎样说的潜在制约机制”②。话语是人类思想表达的工具，是宣示个体存在的途径。“主体性的个体首先必须是以‘我’的方式存在，言说对生活世界的生存感觉、常识经验和智慧，表达内心的感悟、价值的取向、审美的情趣，从而体现个体生命的内涵与意蕴。丧失话语权，也就失却了作为‘我’的主体存在价值。”③ 在由师生、教育内容、情境组成的教育生活场域内，教师主体性保障的标志就是给教师个体话语的表达留有足够的空间，使教师话语能得到适当的张扬。

教师话语张扬的途径之一是对教育内容的选择与解读，虽然在现实生活让教师成为国家课程的设计者困难很大，但让教师参与教育内容的选择还是有可作为的空间，比如地方课程特别是校本课程的开发。即使教师无

---

① 李文阁，于召平．生活世界：人的自我生成之域［J］．求是学刊，2000（1）：25－31.

② 胡学常．文学话语与权利话语［M］．杭州：浙江人民出版社，2000：31.

③ 蒋茵．遗忘与追寻：关于教师话语权问题［J］．当代教育科学，2003（14）：11－13.

法决定哪些知识成为教育内容，但无论如何教师应该拥有对文本进行个体解读与再造的权力，事实上，后现代知识观以及建构主义学习理论等早已宣示了教师对于文本知识解读的必要性与价值。因此，教师需要做的是能以自己的生活阅历与知识背景对教育内容做出富有个性的解构，同时，用学生能接受的个体话语参与师生对话，在对话中用个体话语实现教育内容的建构。教师话语张扬的途径之二是教师个体隐性知识的确认与梳理，如果显性知识在于解构与建构，那么隐性知识需要自我明晰与适当的组织方式，这一点在体验过程中尤其重要。因为体验是个别的、原初的，体验的结果受到个体隐性知识的高度影响，而且，体验完成后，生成的情绪、态度与看法往往由于难以言说而自觉转化为个体的隐性知识。然而，无论隐性知识怎样不可言说，但它的存在不可避免地渗透于个体的言行中，并让个体言行染上个性的色彩。在教育生活中，教师的这种隐性知识主要包括了教师个体的教育理念、人生观、价值观等，这些东西是构成教师教学行为的现实依据，它左右教师在教学活动中体验的过程，教师要做的是，正视并明晰这些内在的东西，并采用适当的方式进行梳理，以教师个体话语的形式融入师生共同的体验结果中，不仅使自己的内在世界得以外现，“自我”得到明晰，同时，也引领学生对教学行为的感悟与体认。

三、“成己”引领“成人”的可能方式——从“空我”的普适科学到“自我”的即时行动

与德行人不一样，技术人强调对社会生产所需知识、技能的掌握，而这些知识、技能尽管最终来源于人类的生命实践，但从个体生命实践经验上升到一般的知识、技能，其中经历了漫长的科学化、抽象化处理。当这些被处理过的知识呈现在师生面前时，已经看不出当初的个体生命实践痕迹，而只是一种冷冰冰的、客观的人类认识活动结晶，即所谓的客观规律。客观规律只能去理解，去更好地运用，对教师来说，它是独立于个体

生命实践范围之外的他者经验概括，教师能做的只是按照社会要求把这些客观规律传给学生。在教育过程中，为了保持知识的客观性、普适性，教师必须尽量克制自己的主观情绪、态度等，尽量避免个体感悟、体验等影响客观规律本来面貌的呈现，竭力减少个体主观行为影响学生对知识本质的理解与把握。由此，追求客观、本质的“成人”生活，迫使教师放弃源于个体主观领域的事物，最终驱逐教师“自我”源于生命实践的经验内容，导致教师个体的人生观、价值观等无法在教育生活中体现。

简单地说，“成己”就是实现自我，就是个体主体性、能动性得以充分发挥。这需要教师一改以往套用他人模式、按部就班的流水线生产状态，创新教育教学方法，以此实现教师教育生活的重建目标。“只有创造才能开拓某种崭新的、有活力的、激动人心的可能的生活，建构真正属于自己的、与众不同的生活。”① 在创造“成己”引领“成人”的新的教育生活中，教师一方面通过充分释放个人的情感、态度与价值观，在教育教学方法上形成个性鲜明的风格；另一方面形成应对教育事件的智慧，在千变万化的教育生活中用个体智慧实现情境中的即时行动，以此冲破固有模式的束缚，摆脱对程序化教育生活的依赖。要做到以上两点，教师必须在自己的教育生活中做如下努力。

首先，坚持反思性实践，把个体每天的教育活动用日记等方式记录下来，并定期对自己的教育行为、教学方法等进行事后的总结反思，并做到发掘优点、正视不足以形成未来教育生活的前车之鉴。即“在有意识的、理性的反思和解决实践问题中理解自我、重构教学，拓展专业生活的空间，增加生命的厚度，获得成就感和满足感”②。其次，实施行动研究，教师以亲历的“成人”生活为对象，通过叙事、案例研究等方式，在日常细

---

① 赵士果．论幸福的教育生活［J］．天津市教科院学报，2008（4）：10－11.

② 王夫艳．追寻美好的教师生活——教师职业幸福的建构［J］．当代教育科学，2012（14）：7－9.

节中发现新的经验，并在概括、归纳基础上形成既能有效“成人”，又能体现个体风格的方式方法，从而在“成己”的同时更好地完成“成人”目标，在个体主体性、创造性发挥的过程中让“自我”充分显现，其结果是教学个性的最终生成。

第四节　教师与教育研究的关系转向及教师教学个性生成

教师教学个性的生成是一个涉及多层次、多因素、多角度的复杂问题。与片面追求效率为主的课堂教学相呼应，传统的教育研究以寻找普适性教学方法为目的，教师沦为教育研究成果的“消费者”，在搬用方法原则中丧失了反思意识与主体精神，使教师教学个性严重抑制。因此，用教育研究成果促成教师对教学行为的个性思考，用教育研究方法培育教师的教学机智，在教育研究过程中实现教师“自我”的明晰与丰盈，不仅是教育研究应对教学转型的价值转向，也是促进教师教学个性发挥的有效策略。

教师教学个性是教师“自我”在教学生活中的明晰与丰盈。具体来说：“教学个性不是简单的哲学视野下的‘与众不同’，也不只是心理学视域下的‘个体性格、情感的体现’，而应该是在兼顾二者的基础上，以凸显教师‘人性’为旨趣，以在教学中展现教师‘自我’为中心，把教师工作的‘社会性’与‘个体性’融为一体，把教师作为人的主体性、创造性、独特性与一般教学规律相结合，把个体情感、价值观和教学实践融合二为一。”① 从教育生态学的视角来看，教师在教学活动中的创新就是个体

---

① 黎平辉．唤醒“自我”：论教师专业发展中的教师教学个性［J］．全球教育展望，2010（2）：70－74.

自我独特性的一种呈现，教师创造性的发挥与“自我”的明晰与丰盈往往是相依相随的。但对教师而言，教学个性不仅是一种“自我”的本真流露，更是一种贯穿于教学生涯的主体意识和态度。也就是说，教师教学个性不能误解为教师作为人的“本能”表现；也不能看成是教师毫无章法、“自以为是”的任意而为。

教学个性的有无，首先取决于教师是否有创新的意愿与行动，其次还取决于教师是否有把教学工作和个体生命实践相结合的主观条件，是否有显示个体创造性与独特性的平台和空间。主观条件是多方面的，主要指教师的专业知识水平高低、掌握的教学方法的多少等；而平台与空间除了特定的学校文化氛围与具体的教学规章制度等外，还应包括教育研究的性质与价值取向，即教师在教育研究中究竟扮演什么样的角色，在教育理论应用于教学实践的过程中究竟处于什么样的地位。

在近代学校制度诞生前，教学是一种相对散漫的活动。在漫长的古代社会，无论是东方还是西方，学校体系一直处于形成之中。官学（西方在中世纪时教会学校占主导，但其性质与官学差不多）与私学并存，教学活动随意性大。教学质量的高低首先取决于教师本人的学识与人格魅力，“学高为师，身正为范”就来源于此。虽然随着教学实践的增多，一些源于实践的教学方法原则开始出现，但与农业社会相对应的、以“师徒制”为组织方式的教学活动节奏迟缓、“自由散漫”，对教师而言，教学是一种自我摸索的自在自为的行为，教师最关注的是自身的学识与人品能否应对“传道授业”的社会责任，而没必要也没想过在方法上寻求别人理论的指导。

而另一方面，尽管古代很早就有像《学记》和《雄辩术原理》这样的专门论述教育教学的著作，但是，大部分的教育教学理论都夹杂在思想家的个人学说里。一是一些长期从事教学活动的大思想家（如董仲舒、朱熹、亚里士多德等）把自己对教育的看法或个人的实践教学经验糅合在治世思想中，以著书立说的方式表达“一家之言”；二是后来者出于对前辈大家的纪念或仰慕，自发收集整理能反映其生前思想的言论与轶事，以此“为圣人立言”，其中就涉及了有关教育的理念与具体教学方法（如《论语》《理想国》等）。这些著作大多为个人对社会发展与人类进步问题的思考的集中反映，教学经验只是掺杂在内容中的一些部分，这种原汁原味的东西直接来源于个体的实践活动，因而它采用了最普遍的叙事风格，要么以人物对话来展现，要么以具体的故事进行阐述。在行文上平铺直叙，通俗易懂，其所蕴含的教育理论或方法原则，都有特定的情境支撑，所以，著书者的意图不在为教育者提供可操作的普适性方法模式，而是在表明自己对作为社会活动之一的教育的理解与诠释，最多也不过是对从事教学活动的人呈上一些思考与解决教育教学问题的有益启示。事实上，以“平天下”为己任的古代思想家们不可能太多考虑用自己的理论去指导个别教师的教学实践。所以，在古代社会，“无为”的教育理论与“散漫”的教学活动之间难有相逢相遇的机会，教师的教学活动大多处于一种“自然”的原初状态，严格意义上说，教育研究活动也就不会成为影响教师教学个性生成的因素之一。

近代以来，随着资本主义经济发展对人才需求量的急剧增加，世界各国先后办起了由政府主导的各级各类学校。为了满足社会对技术工人的大量需求，质量与效率成了教育关注的焦点。有鉴于此，在学校制度体系不断完善的同时，以提高效率为目的的班级授课制成了课堂教学的主要组织形式。由此开始，教学活动从教师的自在行为逐渐转变为一种组织严密、计划周详的自觉活动。

在以效率为目的的时代，如何使规模化的教学保持较高的效益是许多人思考的现实问题。这一问题让教育研究者意识到了自身的使命与存在价值，教育研究逐渐从隐身于“著书立说”式的“自说自话”显明为一种意在促进教学实践的独立行为。这种教育研究表现为几大特征。第一，其目的是帮助教学活动更加规范与更有效率，与之相对应，教育研究的任务就是在具体的教学实践活动中寻找（概括）出行之有效的、普适性的规律与原则。第二，要实现以上价值取向，教育研究必须从自为的经验言说提升为自觉的科学探究：一方面在工具理性及其二元对立思想的支配下，教学活动被从社会实践中剥离出来成为独立的研究对象，教学活动是一种可以预见结果的过程，而教育研究也就成了一种在预设价值下的场外研究，研究者的身份不是教师，甚至可以不接触课堂教学现场；另一方面逐渐采用“科学”的研究范式，要么借用相关学科的成果作为教育研究的起点或基础，要么借鉴相关学科的思维方式或解决问题的办法，进行宏大的理论思辨或开展实证研究，以此提升教育研究的客观性与规范性。第三，教育研究活动过程基本上采用了“RDDA”模式：研究（Research）—开发（Development）—传播（Diffusion）—采用（Adoption）。在教育研究者眼中，教学可以像生产产品一样进行从外到内的技术改良与设计，教师只不过是在他人设计好的生产线上履行某种职能的工具。因此，他们常常以探求教学活动中的“金科玉律”为己任，继而大面积传播其发现的“先进方法”，居高临下地对教师的工作进行“指导”：要么用总结的原理规律对教师进行一厢情愿的规劝；要么用得到的方法原则去改造教师的教学行为。“在此模式中，一般教师仅是教育研究结果的运用者、实践者，而非发现者、创生者。从而，人为地剥夺了教师的教育话语权，使教师成了‘沉默的大多数’。”①

事实上，在学校教育制度化的初期，教育研究者们所总结出的教学方法原则确实提高了教学的效率，而且其“科学性”的理论对克服古代教育的过于“盲目”与“无序”起到了很好的纠偏作用。然而，此时教育理论对实践指导的高效是以帮助教学活动确立一定的“秩序”为前提的，而这

① 李润洲．叙事研究与教师角色——兼答叙事研究到底是谁的方法［J］．湖南师范大学教育科学学报，2005（6）：41－44.

种“秩序”正是前制度化教育向制度化教育转变时所急需的条件。随着制度化教育体系的日趋严密，普适性教学方法原则所带来的负面影响越来越明显，正如教学规范化、效率化影响了教育研究的价值取向一样，在传统研究价值取向下的教育研究又促成了现代教学活动进一步的程序化与模式化。究其原因，除了制度化教育对教师教学行为的制度规范外，也与教师在教育研究中的地位以及教育理论运用于实践时所扮演的角色有关。

“社会事实越是充分地摆脱体现它们的个体事实，就越能使人得到客观的表象。”① 传统的教育研究以寻找客观的普适性方法原则为其价值取向，这迫使教育研究成为超越具体教学实践的一般活动，因而研究主体自然就排除了个别教学活动的当事人——教师。而为了实现教育研究的预期价值，研究者更需要一线教师用他们所找到的普适性方法、原则去指导甚或去改造具体的教学行为。“由于我们对教育理论与教育规律的顶礼膜拜，使得我们认为教育现象的发展过程是受教育规律所支配的，而教育现象中的教育行动者则由于对教育理论与教育规律的内化……将自己的教育行为置于教育理论与教育规律的指引之中，从而忽视了教育行动者本身的‘努力’过程以及过程中所面临的问题，这也就导致了我们对教育理论与教育规律本身的反思性，当然包括对‘教育理论与教育规律是起到指引作用还是起到对教育行动的可说明性与可理解性进行表达的功能’的反思。”② 这样一来，为教师们“排忧解难”的研究者往往以高高在上的“救世主”自居，而教师们则成了置身于教育“流水线”上的工人，他们要做到的就是眼巴巴地等待教育研究者提供能改善效益的“生产流程”。长此以往，教师们养成了对现有方法（或经验）的盲目依赖，而在搬用套用方法原则的过程中，没有了对经验方法进行选择的意识，更缺乏必要的反思习惯，其

① E. 迪尔凯姆. 社会学方法的准则［M］. 狄玉明，译. 北京：商务印书馆，1999：63.
② 周彬. 教育研究中的常人方法学取向［J］. 教育理论与实践，2001（10）：9－13.

应有的创造性与独特性也就消失殆尽。

同时，教书育人是一个长期的日常性工作，对大多数教师而言，教学活动占据了绝大部分时间，是构建个体生活的主体。由于教学方法、原则来自个人的教学生活之外，教师们在套用方法时既没有因个体创新所带来的成就感，也缺少了对身处其中的个人教学生活的应有审视与关照。结果是在教师们对“好的”教学方法趋之若鹜的同时，逐渐疏离了具体而真实的“自我”，由开始的无意识到后来的麻木，直至沦为教学流水线上的一个零件。按部就班、依葫芦画瓢成了教师教学生活的常态，程序化、工具化使教师看不到自己的身影，个体“自我”被严重遮蔽，个体的生存品质也自然大打折扣。

20 世纪以来，世界的经济形态从工业经济到知识经济再到日益受到人们追捧的生态经济，让人们对与工业经济相呼应的、以效率为核心的教育教学产生了怀疑，而接连不断发生的各种人类危机，更是导致了许多有识之士对以培养各种技术人才为目的的现代教育模式提出了强烈批评。“人的培养”再次引起了人们的关注，“我只想把出发点归之于‘人’，‘回到人！回到人’，只进行人的教育，这样的教育才是真正的教育。”① 在《世界教育的今天和明天》一书中，联合国教科文组织对现代人进行了全面界定：“很久以来，教育的任务就是为一种刻板的职能、固定的情境、一时的生存、一种特殊行业或特定的职位做好准备……我们要学会生活，学会如何去学习，这样便可以终身吸收新的知识；要学会自由地和批判地思考；学会热爱世界并使这个世界更有人情味；学会在创造过程中并通过创造性工作促进发展。”② “学校的任务不仅是发现人的才能，训练它们和推

---

① 小原国芳．完人教育论［M］．北京：人民教育出版社，1989：317－318.

② 联合国教科文组织国际教育发展委员会．学会生存——世界教育的今天和明天［M］．北京：教育科学出版社，1996：98.

重它们，学校的任务尤其要培养性格和态度。"[①] 使学生成为他自己，成为与一定社会环境相适应的具体人，而不是被概括的、被物化的"抽象人"，这已经成了今天世界范围的普遍共识。作为学校教育的中心工作，教学活动顺应时代发展的要求，发生和正在发生着由内而外的深刻革命。

第一，教学是生命与生命的相遇。今天，对儿童而言，漫长的学校生活贯穿于他们生命成长的关键时期，学校不仅是学习的场所，更是生活世界的重要部分。而课堂教学不仅仅是作为"先知者"的教师对一群"后知者"进行知识、技能的传递，还是一个有爱心的生命个体用自己的个性与品质去感染影响其他生命个体的主要途径，是教师用自己对生活的态度与独特的生存方式去引导与催动学生成长成熟的历程。知识、技能只是丰富个体生命的一部分内容，在知识、技能的教与学中，学生不仅增强了生存的能力，更是为个体生命的不断完善提供了更大的发展空间与可能。

第二，教学是一个不断生成的过程。毋庸置疑，作为认知活动的知识、技能传授过程是内含有一定的规律原则的，从这个角度讲，教学是可以在遵循规律的前提下进行事前预设，但知识传授的最终目的是育人，人的成长是一个历程，在微观层面上由无数个具体的时空串联而成。我们可以大体上确定一个人从童年到青少年再到中老年的成长轨迹，但我们无法预测他（她）在每个具体时空里的所作所为。人的成长充满了偶然性与不确定性，同理，课堂教学从整体上说是人的生命历程中的一部分，而每一堂具体的课又涵纳了无数的小细节，这些细节发生在不同的时空里，时空与人构成了细节发生的特定情境，"在每一个情境中都要求有所行动"[②]。情境就是此时此地此事此人，每一个因素的变化都会导致情境的不同。因

---

① 联合国教科文组织国际教育发展委员会．学会生存——世界教育的今天和明天［M］．北京：教育科学出版社，1996：97.

② 范梅南．教学机智——教育过程的智慧意蕴［M］．李树英，译．北京：教育科学出版社，2001：54.

此，情境充满变故，而由情境组成的教学活动也不是按事前预设所想的那样按部就班般简单。

第三，教学是一种富有个性的创造活动。教学是教师与学生在特定场域中作为人的一种交流活动。这种交流以知识技能、情感态度、价值观等为载体，最终指向人的生成生长。这种指向就是现象学教育学所倡导的"教育意向"，"教育意向"是一种随时随地准备在情境中采取措施促进学生成长的意识。采取什么样的措施，不仅取决于一定时空与教育对象的特点，还受教师本人的专业背景、兴趣爱好等主观因素的制约。"教育意向"指引下的每个教学活动，尽管其目的只有一个，但达成目的的途径方法却可以千差万别、因人而异。课堂是教师的存在场域，而教学活动就是作为人的教师的自我敞开、自我逐渐显现的创造过程。任何教学活动都不可避免地打上了教师个人的烙印，留有教师个体的创造痕迹，它是富有个性的，也应该富有个性。

指向人的生成与生活展开的教学活动，赋予了教师全新的职责与角色意识，在促使"人"回归的同时，也宣告了掌握一定教学方法、模式就能胜任教学任务的时代已经一去不复返。教师从"生产车间里的工人""教书匠"转变为具有自主权利的专业工作者、自觉反思与探索的研究者，从一个被高度抽象的、履行社会职责的教学工具转变为一个具体的、活生生的教学生活主体。普适性教学方法原则的神话正在被现实无情的击碎，教师作为被动的教育理论"消费者"的传统角色也受到了严重挑战。要激发教师的创新意识，提高教师的教学创新能力，使其在具体的教学场域中充分展现"自我"的灵活性与独特性，促使教师教学个性的生成，教育研究必须对自身的价值取向进行拷问与再抉择。

一、唤醒"自我"：教育研究成果应促成教师对教学行为的个性思考

教师的创造意识与能力需要一种批判理解性的思维来支撑，这种思维

方式不是只需直接运用于教学实践的普适性方法原则所能给予的，它要求教育研究成果能帮助教师揭示具体教学现象的意义，激发其对教学活动的个性思考与理解。教育研究的职责不是简单地告诉教师“教学的一般规律是什么”“它是怎么得来的”，而是要引导教师思考“如何挖掘身处其间的具体教学活动的价值”，即“某一具体的教学活动对学生与教师意味着什么，需要怎样去应对”。因此，教育研究成果既要去除理论思辨式的“夸夸其谈”特点，代之以直面问题的具体与真实；还“应抛弃实证研究范畴中‘规律’、‘客观’、‘相关’等一类概念，代之以对人类的日常教育活动及意义的理解和诠释，‘应发现社会现象的意义和行动而不是原因和结果’。”① 总之，教育研究者不应该固执于用宏大叙事为教师寻找所谓普适性的、概括性的教学原则与规律，而应该审时度势，积极从教学实践中建构情境性的、非概括性的案例解读式“文本”。要做到这一点，教育研究成果要进行叙述方式的转变，变理性至上的宏大思辨为兼顾感性的个体叙事，变严肃规范的学科话语为生动亲切的生活语言。通过对建基于情境的个案解读，其意不在于给教师提供解决问题的现成办法，而是启发教师怎样去把握到隐藏于“文本”的教育价值，领会如何在具体的教学活动中发掘与建构教育意义。这种解读是引领式的，教师阅读“文本”的实质就是个人思想与“文本”作者的对话，它是个体性的，因而，它给教师的个性思考提供了一个自由的平台，能最大限度地保护教师的创造性思维。

二、引领反思：用教育研究方法形成教师应对教学事件的机智

教学的生成性要求教师在面对每一个新的情境时能及时做出反映，化教育契机为教学行动，“教育情境总是个人的、独特的、具体的、试探性

① 洪明．西方教育研究取向新进展［J］．教育研究，2000（10）：68－71.

的，对于不确定的未来总是开放性的。”① 因此，在情境中的行动也是具体的、个人的、生成性的，是教师教学个性发挥的表现。能否抓住契机继而做出即时判断，并在瞬间见诸行动，不仅取决于教师的知识与经验积累，还取决于教师面对“突发事件”时随机应变的能力与素养。在教学中的随机应变能力即现象学教育学所倡导的教学机智，教学机智是教师教育智慧在特定情境中的体现。智慧不是某一方面的知识或技能，它是超越于具体策略之上的元策略，因而不是靠一般的学习与模仿所能形成的；它是一种基于一定场域的解决问题的实践性思维能力，因而抽象的思辨没有太多裨益。它需要教师在个人独特的教学场域中把实践研究与工作经验改造相结合，用工作经验作为研究的对象，在研究中提炼经验，改造个人行为，从而逐渐丰富个体的教学实践知识体系，提高在具体情境中驾驭方法的能力。

因此，教师成为研究者也就在所必然，但是，教师的研究与一般研究不同，它是在行动中为了行动的研究。传统的教育研究侧重于用思辨或实证方法去发现普适性的新理论原则，“教师的研究则主要属于在一定理论指导下的再造型研究，是教师把教育教学实践活动本身作为观察与思考的对象，并运用有关方法加以审察、分析，进行理论总结与自我反思，其研究方法主要有观察法、调查法、访谈法与叙事法”②。教师既可对个人的日常教学行为进行同步记录，并用日记等方式加以叙述；也可以通过调查、访谈等方式对发生在身边的教学“事件”开展跟踪思考，并形成即时的事后反思。“这种研究方式关注的是学生和教师的种种生活体验，并从中获

---

① VAN MANEN MAX. Phenomenological Pedagogy and the Question of Meaning [J]. Phenomenology and Educational Discourse, 1996.

② 李润洲．叙事研究与教师角色——兼答叙事研究到底是谁的方法［J］．湖南师范大学教育科学学报，2005（6）：41－44.

得有益的反思，从而形成一种特有的教育机智和对具体教育情境的敏感性。”① 总之，教师的研究是一种叙事加反思的研究，通过对具体教学活动的事后思考，教师不断总结有益的处事策略，吸取必要的经验教训，逐渐丰富个人有关教育教学的实践性知识，从而有效提高其处理教学细节的灵活性，最终从个人的日常教学活动中积淀出应对“教学事故”的智慧。

三、促成体验：在教育研究过程中实现教师“自我”的明晰与丰盈

教学过程中“人”的回归，不仅意味着教师角色的转变，而且从深层次上表明教师存在方式的不同。角色工具化所带来的教师“忘我化”，直接造成了教师“自我”的模糊与干瘪，具体表现为教师对自身工作认识的误差，对教学活动于个体的价值、意义多停留在物质层面，长期处于浑浑噩噩的状态，精神世界荒芜，缺乏激情与活力。要让教师的精神世界丰盈，活出精彩，首先需要教师“自我”的澄明，澄明不是所谓的大彻大悟，而是个体生命在教学活动中的敞亮，是作为个体人的“自我”显现与作为社会角色的职业身份的有机融合。这种融合不是靠外在力量所能赋予的，也不能靠模仿他人而实现，它需要生命自身内在力量的不断摸索与修习；它不能一蹴而就，它的实现是教师对教学生活逐渐体验的过程。

“按照哈贝马斯的看法，工具理性就是一种目标定向的理性，它以对世界的控制作为最终成功的标志。与此相对应的是人类各个体间的互动关系，这种互动关系所要求的不是工具理性，而是商谈理性，其目的是达到主体间的相互理解、沟通。”② 教师成为研究者，他们与专门研究人员构成了平等的教育研究主体，教学实践活动也不再被抽象为毫无生气的、冷冰

① 王慧霞．教师专业发展新视阈：基于教育现象学的生活体验研究［J］．淮海工学院学报（社会科学版），2009（2）：127－130.

② 刘铁芳．体制化时代的教育和教育研究［J］．湖南师范大学教育科学学报，2006（5）：12－15.

冰的被专门研究人员单方面控制的研究对象，而是还原为不断发展的、活生生的教学生活的内容，它既是需要理性分析的研究客体，更是教师置身于其中的、充满喜怒哀乐的生命实践过程。因此，教育研究过程不会是弥漫着工具理性的、排斥教师个体的“RDDA”模式，而是由商谈理性引导下的实践（Practice）—体验（Experience）—反思（Reflection）—总结（Summary）—实践（Practice）的循环，这一模式中，体验是核心环节。体验是对经验的超越，是渗入了个体生命意识的经验。“体验以生命为前提，它直接将对象融入自己的生命意识之中，它超越主客二分的机械模式，将自己、社会、他人、自我作为一种整体，用自己的整个生命去参悟和体会；它超越时间的限制，将过去、现在、未来集于一瞬，将个体的精神敞放开去拥抱世界，使生命处于永不休止的创造和运动状态之中。”① 生活体验式的教育研究把教学活动当成教师个体的生命实践过程，再作为研究的对象。在研究过程中，教师通过对已发生的教学生活展开及时的回忆与反思，既能总结过往教学行为的得失，更能深刻体会到个人置身其中的教学生活的酸甜苦辣，深切感知个体生命的存在状态。著名现象学教育学家范梅南说：“通过沉思、交谈、白日梦、灵感和其他解释性行为，我们赋予活生生的生活以意义。”② 伴随着体验研究，教师洞察到了教学工作努力的方向，也捕捉到了教师职业对于个体的生活意义，在促成学生发展的同时使自己的情感、价值观等得到充分的释放，并油然而生出强烈的成就感与自由感。“一旦教师从教育实践中体验到了自由，他就把原本是陌生于人的外在的世界转换成了属我的生活的世界，他与职业之间就建立起活泼、丰富的联系，他就会感受到生活的完满和意义的充盈，教师职业便成

① 孙俊三. 教育过程的美学意蕴［M］. 长沙：湖南师范大学出版社，2005：194.

② 范梅南. 生活体验研究——人文科学视野中的教育学［M］. 宋广文，等，译. 北京：教育科学出版社，2003：47.

为他生活中的一个不可分割、无法舍弃的部分，成为他的又一生命。”[①] 正是这种伴随教学生活的感觉不断促成教师的“自我实现”，从而使教师“自我”愈发明晰与丰盈，教学个性生成的同时有效提升了教师的生存品质。

教师教学个性的生成是一个涉及多层次、多因素、多角度的复杂问题。从课堂教学性质演变引发教育研究价值转向的角度来看，教师在教育理论运用于实践的过程中所处的地位与扮演的角色，对教师在教学工作中创造性的发挥以及在教学生活中“自我”的明晰与丰盈都起到了不可取代的作用。因此，用教育研究成果引导教师对教学问题的个性思考，用叙事加反思式的教育研究方法培养教师应对教学事件的机智，在以体验为核心的教育研究过程中提升其作为教育职业者的生存品质，无疑是当前促进教师教学个性发挥的有效策略。

① 王枬，王彦．教师叙事：在实践中体悟生命［J］．教育研究，2005（2）：58－61.

第六章　教育变革境界与教学个性生成

作为社会领域中的一部分，当下教育正处于急剧变革的时代风口浪尖上，对于教育活动主导者的教师而言，“变”已成为一种常态。频繁的变革能否取得应有的效果，自然与多种因素相关，而其中最为关键的因素是教师在教育变革中的角色扮演与作用发挥。

从一定程度来看，教师个性鲜明的教学行为创造，不仅影响了教育变革的成效，也决定了教育变革境界的高低。反过来看，教育变革中赋予教师创造力发挥的空间大小，不仅是教育变革境界高低的标志，也是影响教育实践中教师教学个性生成的重要因素。总之，教师在教育变革中主体权利的拥有与创造力的发挥，既促成了教育智慧的产生与教学个性的生成，也实现了教育变革境界的提升。

第一节　教育变革境界与教学个性生成关系

所谓教育变革，概括地说：“就是教育现状所发生的任何有意义的转变。”① 具体而言，教育变革涉及了教育教学理念、教育教学内容、教育教学方法、教育教学媒介等方面的改进。从整个教育系统来看，即是：“从教育变革理念到教育变革行动、从教育变革设计到教育变革实施、从教育

① R G HAVELOCK. The Change Agent´s Guide to Innovation，1979：4.

变革目标到教育变革评价等方面的变革。”①

“教育改革是一种人为的对教育除旧布新，使教育向改革者所希望的方向发展的行动。”② 在教育实践中，人们为了解决已存在的教育问题或更好地提升教育教学质量，总会想方设法地对现有教育教学做一些调整。在这一过程中，有人发出变革的呼吁，有人在谋划变革措施，有人在实践中推动变革前行。

根据个人在教育变革中所扮演的角色和发挥的作用，可以把教育变革主体分为三部分：利益主体、决策主体与行为主体。利益主体因为要维护自身的教育权益，常常是教育变革的发起者，他们包括了家长、学生、教师等；决策主体关注教育如何变革问题，一般包含了承担举办与管理教育责任的政府、教育行政部门等；行为主体是教育变革的实践操作人，他们置身于教育变革的一线，用自己的教育教学行为践行变革理念，实现变革目标，主要为一线教师。教育变革的主体是复杂的复合主体，三类主体在变革过程中都有可能起着动力、决策和实践的作用，尤其对教师而言，不仅是教育利益的息息相关者，更是教育变革中最重要的行为主体，同时也应是微观层面的教育变革决策人。“作为行为主体的教师等一线教育工作者，其行为中既执行上级领导部门的决策，又有策划职责范围内工作的决策权。这种决策是行政决策不可能取代的，是行为主体对自身行为的创造性的策划过程，只有实践者本身才能进行和完成。”③

教师对自身行为的创造性策划，不仅涉及教育教学的方法与途径，也涵盖方法背后个性化的教育信念与精神。“教师教学个性是教师‘自我’在教学过程中的显现，具体包括了三个方面两个层次。第一层次分为教师

① 石家丽．教育变革中的教师专业地位研究——一种复杂性视角［D］．北京：首都师范大学，2013.

② 袁振国．教育改革论［M］．南京：江苏教育出版社，1992：27.

③ 叶澜．当代中国教育变革的主体及其相互关系［J］．教育研究，2006（8）：3－9.

对课程知识的个性解读与教师对教学方法的创新；第二层次指教师的角色扮演与个体生命实践的统一，即在教学过程中，教师的情感、态度、价值观等得到充分的体现。”① 从一定程度来看，教师个性鲜明的教学行为创造，不仅影响了教育变革的成效，也决定了教育变革境界的高低。而反过来看，教育变革中赋予教师创造力发挥的空间大小，不仅是教育变革境界高低的标志，也是影响教育实践中教师教学个性生成的重要因素。

第二节　抑制教学个性发挥的传统教育变革特征

近代以来，教育变革就从未停止。尤其是工业革命后，工业经济的兴起对大量技术人才的需求，促使世界教育掀起一次又一次的改革浪潮。在国内，自从鸦片战争以后，中西方政治、文化的冲撞，也使我国教育经历了天翻地覆的变化。

新中国成立后，为了与时俱进，更好地培养合格的社会主义建设者与接班人，我国教育的变革一直在不断进行。纵观近两百年中国内外的教育变革，有几大成就不容忽视。一是受教育的权利从少数人转到大多数人，教育对象的范围一再扩大，直至真正意义上的教育大众化。二是经济发展对人才培养需求的影响以及科学技术进步对教育条件的改善，教育效率、质量不断得以提升。三是由于人文社科领域新思想、新观点的出现，促使新的教育理念、方法层出不穷。然而，以往数百年的教育变革，大多侧重于对社会政治、经济发展的适应，遵循宏大叙事式的、由外而内的变革逻辑，不可避免地存在不少弊端。弊端之一就是忽视了教师的主体地位与创造力发挥，“在当前内容各异、程序相似的变革中，教师很少成为变革的发起者，更没有成为变革的中心，他们在教育变革中的被动和从属地位始

① 黎平辉．教学过程重建与教学个性生成［J］．全球教育展望，2014（7）：3－9.

终没有得到根本的改变。”① 正因如此，影响了作为教育主体之一的教师在教育变革中的角色扮演与价值实现，影响了作为教师“自我”展现结果的教学个性发挥。

一、功利与工具：传统教育变革的价值取向

无论是19世纪末欧美国家为普及初等教育而采取的教育改革，还是20世纪中叶以布鲁纳、赞可夫等为代表的美苏教育革命，其起因均为社会经济、政治发展对人才培养提出了新的要求，而已有教育却无法满足。即便是以“儿童中心”著称的进步主义教育运动，也是以实用主义为其变革的理论基础，在实质上仍然是外在的社会功利需求在教育上的反映。只不过与以往教育变革不同的是，它背后的功利需求是培养动手能力强、能独当一面的人才，而不仅仅是经济发展所需的技术型劳动力。正是因为这一点，进步主义教育才提出了在做中学习、突出了儿童主体性的主张。

国内教育变革亦是如此，从20世纪50年代至20世纪末，最突出的表现就是考试制度的变更，恰好反映了社会政治、经济上的外在功利需求对教育变革的操控。尤其是20世纪80年代我国中小学的教学组织形式变革以及大学少年班的举办，更是直接地透露了国家集中优质教育资源、尽快出人才的急功近利心态。可以说，传统教育变革的缘起，要么是社会问题的堆积，使得人们寄希望于教育，试图通过教育变革寻找化解社会问题的途径；要么是社会政治、经济发展的新需求，让教育想方设法去承载提供新的政治接班人与技术劳动力的重任。教育始终扮演着的是社会要求实现的工具角色，发挥的主要是满足外在需求的功利性功能。

① 吴黛舒．教育变革中的教师发展问题［J］．教育发展研究，2009（10）：58－61.

二、由外到内与整齐划一：传统教育变革的实践逻辑

由外在功利价值主导的传统教育变革，遵循的是“人才需求—变革目标—变革内容—变革方法—变革成效评估”的模式，采用的是由外而内的实践逻辑。首先是变革目标的提出与确定，主要途径是：一定社会政治、经济发展的新变化，对人才培养规格提出了新要求，而现有教育却无法满足这种要求。这种矛盾促使教育变革的利益主体（包括代表国家或政府的教育管理者、研究者等）从人才培养的角度确定教育变革的具体目标，即未来教育要变成什么样。其次，教育变革的决策者们（包括代表国家或政府的教育管理者、研究者等）根据变革目标，探讨教育变革的具体方面或内容，即要从哪些地方入手对教育进行变革。最后，虽然教育变革实施涉及面很多，但具体通过什么方式来完成变革，由谁来负责实施，则是事关变革成败的核心问题。这让身处教育实践中的教师理所当然地成了变革行为主体的不二人选，即使教师本身不情愿甚至不知情。“由于教育改革在传统上习惯于从‘教师之外’思考教师变革问题，而教师在教育变革中的‘被动’和‘消极’，往往是非常深刻的，而且又常常因其深刻而容易被外在形式所掩盖。”①

当教育变革实施了一段时间后，利益主体会想方设法获得变革的实际效果。一般的做法是代表国家或政府的教育管理者、研究者通过深入的实地调研，用问卷调查或当面访谈的方式搜集变革后的教育实践真实信息，在汇总信息的基础上，评估变革目标的实现程度、存在的差距与问题，并尝试寻找影响变革成效的各类因素，以此作为酝酿下一次教育变革的依据。美国20世纪上半叶的进步主义教育运动，我国历次课程改革等莫不如此。

① 王建军．学校转型中的教师发展［M］．北京：教育科学出版社，2008：177.

三、教育内容与方法：传统教育变革的关注焦点

传统教育变革关注的是如何实现外在的功利目的，即如何通过教育活动培养的劳动力、追随者来满足外在的经济、政治需求。社会的发展、经济政治的变化，最终体现为对教育的外在要求——人才培养规格的变动。“才”主要靠一定的知识、能力来支撑，因此，“才”的规格不同，学生需要掌握的知识、技能也必须不一样。为了培养学术型的技术人才，赫尔巴特强调把系统的学科知识作为教育内容；为了培养具有动手能力的实践型人才，杜威把系统知识彻底抛弃，转而提倡让来自生活的个体经验成为教育内容；而为了培养能应对苏联高科技挑战的尖端技术人才，布鲁纳等人把高难度的学科核心知识当成最重要的教育内容。

而要让学生按变革预期掌握新的知识、技能，与之相关的知识组织逻辑、呈现形式以及教学方法等也往往需要做出必要的调整。所以，针对系统知识的掌握，赫尔巴特主张把前人的知识整合成学科课程，并在教学过程中采用讲授——接受的方式进行代际间的知识传递；针对生活经验的学习，杜威提出把儿童熟悉的直接经验融入一个个独立的活动，并在教学过程中通过学生的亲身体验来实现其经验的积累与重组；针对学科核心知识的理解，布鲁纳等人把各科知识精简改造为完整而简洁的知识结构，并在教学过程中要求学生通过主动探究的方式去发现各科知识原理。新中国成立后，我国的历次教育变革，尤其是持续至今的八次课程改革，均是以关注教育内容、教育方法变革为中心，采用的仍然是“目标—内容—方法—评估”传统模式。

四、行政命令与专家把控：传统教育变革的方式

“我国教育变革的推行基本上是政府主导型的，这种变革体现出‘自上而下’的外部控制性特征。即使当前新课程改革呈现出某些改革重心下

移的倾向（例如‘校本’理念的实践等），但仍然是由政府‘遥控’的。”① 由外而内的宏大叙事式教育变革，要在不同地域同步开展，必须依靠强有力的行政命令。一方面，在制定变革的目标、内容时，教育管理者常常借用政府的行政力量，组织大量的专家及利益主体讨论，经过数番斟酌后，方能达成共识。另一方面，在变革措施的实施过程中，面对不知情甚至不情愿的庞大教师群体，唯一高效的方法就是通过从上而下的行政命令，营造高压的环境氛围，迫使教师不得不履行变革行为主体的责任。

当然，面对专业性极强的教育变革，光靠行政命令无法让教育管理者安心。为了避免变革与外在功利需求对接不紧密，教育变革目标以及内容等均有由政府聘请的专家把关。尤其在具体实施阶段，专家们要么通过四处讲学、出书立论的方式，对变革中的教师行为做直接干预；要么借助行政力量，把关于如何操作的意见，以公开颁布的教育政策形式，左右着一线教师的行动方向与内容。“变革决策者也总是习惯于以居高临下的姿态，以自身理想化的教师定位，向教师提出种种规范性要求，视教师为变革中的被改造者、自己变革蓝图的具体实施者，而没有考虑如何去唤起教师的主体意识和内在发展自觉，更不去思考如何使教师成为变革的‘受益者’。”②

五、被动与执行：传统教育变革中的教师作用

没有教师作用（角色扮演）的发挥，教育变革就失去了从理论设想转变为实践行动的载体，就成了利益主体与决策主体一厢情愿的空想。与工具性的价值取向相对应，传统教育变革对教育活动中的主导者——教师的态度也是工具性的。“这种‘工具人’的教师观强调‘师’对‘道’的依

---

① 李茂森．从“角色”到“自我”——教育变革中教师改变的困境与出路［J］．教育发展研究，2009（22）：56－59，78.

② 吴黛舒．教育变革中的教师发展问题［J］．教育发展研究，2009（10）：58－61.

存关系和工具价值，注重的是教师对社会工具价值的实现。可以说，这种‘工具人’的教师只是满足培养社会所需的各类人才的代言人、执行者，是满足他人欲求、实现别人目的的手段，教师没有自己的独立性和自主性。”① 19世纪末的教育变革，强调了教师在传授系统知识过程中的重要作用；20世纪初以杜威为代表的进步主义教育改革，突出了教师在学生“做中学”过程中的辅助角色与服务者角色；而要素主义教育思想与永恒主义教育流派则再次让教师回归了知识传授者的角色。从历次教育变革的过程可知，作为教育活动三要素之一的教育者，无论教育如何变革，总是变革影响的首当其冲者。

事实上，虽然历次教育变革中教师的角色扮演都会或多或少地有所变化，但这种变化并不是教师自愿的结果。对大多数教师而言，因为身处教育实践的一线，面对一些教育问题，从自身利益出发会产生渴望教育活动变革的想法。这种想法使他们成了教育变革利益主体的一部分，却无法让他们成为变革的决策者。“教师总是处于‘儿童’与‘成人’、‘实践家’与‘理论家’、‘从属者’与‘掌权者’等的两者之中徘徊，不知如何适从，而成为事实上的‘中间人’。”② 他们在教育变革中的作用，就是按照决策者的要求去扮演执行者的角色，并为了变革目标的实现而努力去适应新的环境、履行新的职责。“而教师一旦对‘为什么教’‘教什么’和‘如何教’等问题缺乏独立、系统的思考，教师在丧失关于教育的自己声音的同时，也就丧失了应有的创造激情和发展的内驱力……”③ 长此以往，使教师陷入一种恶性循环，越是缺乏实践反思与主动探究的意识和能力，就越是依赖外在的教育行为指令与他人提供的教育教学方法，教师教学个

① 李润洲．我们塑造什么样的教师文化［J］．教育发展研究，2006（6A）：31－33.

② 成尚荣．教学改革的价值认同与境界提升——“课改”“改课”的再讨论［J］．上海教育科研，2015（2）：40－43.

③ 李润洲．教师个人教育哲学的迷失与重构［J］．课程·教材·教法，2015（8）：105－111.

性很难生成。

第三节 促进教学个性生成的教育变革新境界

从20世纪中后叶开始，人本主义思想逐渐进入了教育领域，并发挥了越来越大的影响力。从“人”的视角俯瞰教育，教育不仅仅是让受教育者实现从“人”到“才”的途径，更是受教育者个体生命实践中的不可分离、变异的重要部分。它肩负了为社会发展培养所需人才的任务，但它首先属于个体生命实践中的一环，本质上它是属人的、是活的。

教育变革首先关注的应是人的发展，在价值取向上实现由外到内的转变，追求在教育过程中实现个体生命实践的充实与丰盈。个体生命实践总是在具体的生活情境中展开，教育同样具有情境性与差异性，因此，“外入式”、宏大叙事式的传统教育变革必须转为基于具体情境的内发式教育改革。“改革要实行自上而下与自下而上路线的结合，其本质让‘草根’成为改革的参与者、研究者、创造者，唯此，田野才是有希望的。”① 内发式变革需要因地制宜，所以在变革内容方面，不仅需改革教育内容及方法，也重视教师在变革过程中的身份与作为，重视教师主体性与创造性的发挥，重视教师教育智慧的形成。“这一思路旨在‘从外在对教师的控制’转向‘从内部理解教师’，它促使我们转换看待教师参与教育变革的视角。”② 教师应是教育变革的主人，教育变革过程也是教师“自我”在教育活动中张扬的过程，教师用创造促成了教育变革，使自己的教育教学活动染上个人色彩，教学个性得以生成。

---

① 成尚荣．教学改革的价值认同与境界提升——“课改”“改课”的再讨论［J］．上海教育科研，2015（2）：40－43.

② 李茂森．从“角色”到“自我”——教育变革中教师改变的困境与出路［J］．教育发展研究，2009（22）：56－59，78.

一、人的发展：教育变革的价值转向

对人的发展的强调，不仅意味着教育过程需要遵循人的身心发展规律，更是教育的终极价值体现。一方面，如果把人的生命实践分为若干组成要素的话，那么教育活动是不可或缺的要素之一，尤其在知识经济时代，终身教育成为必然，教育活动伴随于个体的一生。由此可知，教育活动的本然价值就是使个体的生命实践变得丰富多彩，充盈个体生命实践内涵、提升个体的生命实践品质。另一方面，人的生存是个体发展的前提与基础，个体生命实践展开需要一定的社会环境与物质条件，个体内在生命实践丰盈的同时为社会发展贡献一份力量，以求得个体更好的发展，乃是人存在的基本逻辑。知识经济时代，掌握现有知识或技能还远远不够，它需要的是不断创新的知识信息，创造力成了个体融入社会，与社会发展互动的重要资本。创新与自由是一对孪生姐妹，只有那种人格独立、精神世界充分自由的个体，才能滋生出巨大的创新潜能。

新时期的教育变革，在价值取向上要以促进人的发展为核心，走个人本位与社会本位相结合的道路。“也就是说，改革不是局限于思考如何传递社会生产的知识技能和社会的伦理规范，而是更多地思考如何发展人的本身和人类真、善、美的实现。”① 一方面，要注重教育变革对社会经济、政治等发展的影响；另一方面，要突出变革对人的发展的根本性作用。即教育变革的外在功利目的要以内在意义的实现为前提，用人的身心更好地发展，来夯实社会经济、政治前行的根基。除了学生，教育活动中的人还包括教师，因此，教育变革中人的发展其实指的是师生共同的发展。一方面，作为人的学生发展需要作为人的教师来引领，并通过教学相长使教师不断成熟成长；另一方面，教育是人生命实践中的一部分，教育活动就是

① 刘冬梅．教学改革境界论［J］．教育理论与实践，2014（19）：57－60.

师生个体生命实践的展开，通过教育活动也能让教师的生命实践不断丰富与充盈。

二、内生与情境：教育变革的逻辑转变

任何变革都有一定的切入点，一般而言，这种切入点就是存在于各个领域的问题。教育变革也不例外，教育现象与教育问题是教育研究的对象，严格地说，只有当某种教育现象给教育实践带来了困扰与阻碍时，才会足够引起人们的注意，也才会促使人们痛下改革的决心，而此时，教育现象已经蜕变为教育问题。从影响程度看，问题可分为大问题与小问题；从形成的层次看，有宏观层面的理论问题，也有微观层面的具体实践问题。在现实生活中，大问题由小问题累积而成，小问题不及时解决，天长日久就可能变为大问题；宏观理论问题来自于实践问题的抽象，相关相似的个别实践问题，经过梳理整合就成了普遍性的理论问题。无论是什么问题，如果追根溯源，均可从具体的情境中寻找出蛛丝马迹。由此可知，教育问题植根于丰富多彩的教育实践中，它的本质是个别化与情境化的。

“所谓‘情境性’是指教育发生在特定的社会背景和文化传统之中，教师的教育教学总要面对具体的学生、特定的知识内容，并要及时采取各种行动策略。”[①] 因此，教育变革的逻辑可以这样描述：人的发展受到教育活动中某个方面或环节的阻碍，或者说教育实践无法满足人的发展需要，于是产生了具体的教育问题，问题引起了利益主体的注意，经过研究者基于教育情境的探索，尝试个别问题的解决，最终产生了有针对性的策略。而基于情境问题解决的具体策略，经过不断的整理、概括，形成了新的教育理论。在新的理论指导下，教育变革的行为主体结合自身实际，具体问题具体分析，因地制宜地提出解决问题的个性化方案，进一步丰富了教育

① 李润洲．作为具体人的教师［J］．教育发展研究，2014（8）：66－71.

理论内涵。

三、教育智慧：教育变革的新焦点

作为教育变革中人数最多的行为主体，教师在变革中的存在状态同样是决定变革成败的重要因素。基于情境的内发式教育变革，其逻辑体系可以简化为个别问题发现—解决策略探索—系统理论梳理—指导个别问题—解决策略提出—已有理论完善……这是一个循环往复的过程，每一次循环，教育问题就会因为时空异动而以新的面貌出现，如果单纯靠从外而内的改变教育内容与方法等物质层面的东西，永远都无法解决教育实践问题。事实证明，面对从未停止变化的教育问题，搬用已有方法是难以奏效的。在已有方法理论与教育实践问题之间，还需要有一种东西使两者有机对接，这种东西就是教育智慧。

正如现象学教育学理论所提倡的，教师在“在每一个情境中都要求有所行动”①。而教育智慧，即教师面对实践问题时，在一瞬间知道采取什么样的行动最妥当。因此，教师的即时行动既不是套用现成办法，也不是鲁莽、率性的随意而为。它的特征表现为教师对教育实践活动的全程关注，对教育活动细节的高度敏感与迅捷反映，在教育实践问题出现时，总能通过个人经验与教育理论的融合后采取一定的行动，化险为夷。

四、区域研修与合作探究：教育变革的新方法

基于情境的教育变革，其问题来自具体实践，变革的最终旨趣也意在实践问题的解决，而变革的过程也需要在实践中进行。与传统教育变革依靠统一的行政命令驱动不同的是，基于情境的教育变革借助的是教育工作

① 马克斯·范梅南．教学机智———教育智慧的意蕴［M］．李树英译．北京：教育科学出版社，2001：54.

者对教育问题探讨的热情与勇气。首先是个别乐于钻研业务的教师，在个人所开展的教育活动中遇到了困难或发现了不足，激发了他深入探究、试图寻找对策的欲望，并凭借坚持不懈的努力往往取得一些初步的成果。其次，个别教师获得的初期成果使处于同一工作环境中的教师们蠢蠢欲动，从开始的几个逐渐扩大到一群，围绕实践问题解决的微观变革团队正式形成。当然，小规模的教育变革团队产生，还需要有相关教育主体的支持，比如管理部门的政策扶持与经费投入，比如家长的理解与认可。

此种教育变革方式，并不是不需要专家的参与和发挥作用，只是专家的身份与作用必须有大的转变。事实上，基于情境的教育变革成果要想在更大范围内产生影响，需要具有综合理论素养的专家帮助提炼、整合；而在变革过程中遇到方法论层面的障碍时，同样需要专家的积极建言与指导。专家的作用由原来的直接干预变为间接的引导，由原来的理论推广变为专业支持。他们不再是政府钦差与专业权威，而是变革的参与者与合作者。

五、主体发挥与个性创造：教育变革中的教师新作用

“而教育作为有意义的经验形成、作为创造性的行为实践的契机，也是在这种‘中间领域’的‘裂缝’中得以准备的……作为‘中间人’的教师必须作为‘介入者’加以重建。”[①] 区域性的教育变革能否产生、推动以及取得一定的成效，其前提是教师在变革中作用的发挥。“在执行者逻辑中迷失自我的教师，需要摆脱工具性的压制，重新找回长期以来被遗忘的也是最为‘人性’的一面，即个性、主体性和创造性。”[②] 首先，教师不仅是教育变革的相关利益者和行动者，同时也是教育变革的决策者。从变

① 佐藤学著，钟启泉译．课程与教师［M］．北京：教育科学出版，2003：209.

② 李茂森．变革中教师的自我遮蔽与实现［J］．教育发展研究，2011（6）：58－61.

革内容确定到方式方法选择，教师都应该拥有主体性权利。教师主体性的发挥主要体现在两个方面：一方面，教师能从具体的教育情境中体察存在的问题，并有思考问题、探索问题的主动意识；另一方面，教师以独立个体的身份全程主持或参与实践性的教育变革，能自由表达个人见解不人云亦云且持之以恒。

其次，变革的本质是弃旧扬新，没有创新就不可能取得教育变革的成效。教育变革的创新涵盖了教育理念、内容及方法等各个方面，与传统教育变革不同的是，以教师为决策主体的教育变革，其创新的来源不是专家，而是一线教师。因此，从本质上看，这种创新不是新的人文社科理论在教育领域中的演绎，不是借用某种时髦理念对教育理论的重新梳理，也不是通过其他学科视角来对教育问题做一般的理论剖析。它来自教师长期的教育实践反思，来自教师在特定情境中的教育行动，来自教师抓住转瞬即逝的教育契机而生成的教学机智。如果说专家的创新思路主要表现为“他者理论—个人理论—新的教育理论”，那么教师的创新思路应该是“自我教育实践—他者理论—新的教育实践”。由此可知，教师在变革中的创新并不排斥外来理论（专家指导），但外来理论的作用发生了很大变化，它不再是框住教师行为的操作模板，而是丰富教师的理论素养并为其提供创新源泉，启发教师思维并为其在教育情境中的教学机智生成打下基础。“从一定意义上说，作为实践反思者的教师能够超越各种教育理论的对立，将教育理论综合运用于自身的教育实践中，并能基于自身的教育实践创设个人化的教育理论。”① 教师集外来理论与自我教育实践反思而形成的新的教育实践，正是教育变革所要追求的预期结果，它是创新的，是教师个人的，它融合了教师个体的个性品质、思想理念、知识背景和教育实践的独特环境，是具体的、情境的，是教师教学个性生成的自然体现。

---

① 李润洲．作为具体人的教师［J］．教育发展研究，2014（8）：66－71.

变化是社会发展的永恒主题，而自从人类社会进入信息化时代以来，变化的节奏明显加快，变化的频率显著提高。作为社会领域中的一部分，当下教育正处于急剧变革的时代风口浪尖上，对于教育活动主导者的教师而言，“变”已成为一种常态。频繁的变革能否取得应有的效果，自然与多种因素相关，而其中最为关键的因素是教师在教育变革中的角色扮演与作用发挥。教师在教育变革中主体权利的拥有与创造力的发挥，既促成了教育智慧的产生与教学个性的生成，也完成了教育变革境界的蜕变。

参考文献

[1] 邹吉忠．自由与秩序——制度价值研究［M］．北京：北京师范大学出版社，2003.

[2] 中共中央马克思恩格斯列宁斯大林著作编译局．马克思恩格斯选集（共四卷）［M］．北京：人民出版社，1995.

[3] 杨俊．制度哲学导论——制度变迁与社会发展［M］．上海：上海大学出版社，2005.

[4] 尤尔根·哈贝马斯．合法化危机［M］．刘北成，曹卫东，译．上海：上海人民出版社，2000.

[5] 海德格尔．存在与时间［M］．陈嘉映，王节庆，译．北京：生活·读书·新知三联书店，1987.

[6] 海德格尔．海德格尔的智慧：海德格尔存在哲学解读［M］．刘烨，王劲玉，编译．北京：中国电影出版社，2007.

[7] 萨特．存在与虚无［M］．陈宣良，等，译．合肥：安徽文艺出版社，1998.

[8] 杨金海．人的存在论［M］．北京：中华书局，2009.

[9] 张治库．人的存在与发展［M］．北京：中央编译出版社，2005.

[10] 马斯洛．马斯洛人本哲学［M］．李德荣，编译．北京：九洲图书出版社，2003.

[11] 马斯洛．自我实现的人［M］．许金声，刘峰，译．北京：生活·读书·新知三联出版社，1987.

[12] 乔治·瑞泽尔．后现代社会理论［M］．谢立中，等，译．北京：华夏出版社，2003.

[13] 刘少杰．后现代西方社会学理论［M］．北京：社会科学文献出版社，2002.

[14] 周运清，等．新编社会学大纲［M］．武汉：武汉大学出版社，2004.
[15] 吴康宁．教育社会学［M］．北京：人民教育出版社，1998.
[16] 米歇尔·福柯．规训与惩罚：监狱的诞生［M］．刘北成，杨远婴，译．北京：生活·读书·新知三联书店，2007.
[17] 彭启福．理解之思：诠释学初论［M］．合肥：安徽人民出版社，2005.
[18] 舒志定．人的存在与教育·马克思教育思想的当代价值［M］．上海：学林出版社，2004.
[19] 大卫·杰弗里·史密斯．全球化与后现代教育学［M］．郭洋生，译．北京：教育科学出版社，2000.
[20] 石中英．知识转型与教育改革［M］．北京：教育科学出版社，2001.
[21] 王德胜．教育创新　实践中的反思［M］．北京：首都师范大学出版社，2013.
[22] 贺善侃．教育创新与创新教育［M］．上海：东华大学出版社，2012.
[23] 佟景才．创新教育与创新人才培养［M］．北京：中国铁道出版社，2000.
[24] 钱国英．教育创新与应用型创新人才培养［M］．杭州：浙江大学出版社，2009.
[25] 聂向山，等．创新教育与创新素质［M］．成都：四川大学出版社，2001.
[26] 冯惠敏，胡勇华．教育质量与教育创新［M］．兰州：兰州大学出版社，2008.
[27] 杜振武，等．教育创新途径与趋势［M］．北京：中国人事出版社，1999.
[28] 邓志伟．个性化教学论［M］．上海：上海教育出版社，2002.
[29] 菲洛诺夫，个性的培养［M］．王长纯，等，译．长春：吉林大学出版社，1989.
[30] 李亘．个性·自我·创造［M］．杭州：浙江文艺出版社，1989.
[31] 钟华友．亮出个性　展现个性的风采［M］．北京：西苑出版社，2003.
[32] 贺淑曼，等．个性优化与人才发展［M］．北京：世界图书出版公司北京公司，2001.
[33] 高玉祥．个性心理学［M］．北京：北京师范大学出版社，1989.
[34] 赵昌木．教师成长论［M］．兰州：甘肃教育出版社，2006.
[35] 丰塔纳．教学与个性［M］．郑桂泉，等，译．台北：春秋出版社，1989.
[36] 王晖主．教师与法［M］．长春：东北师范大学出版社，2003.

[37] 熊生贵．新课程——教学创新新视点［M］．成都：四川大学出版社，2004.

[38] 思特威斯特．学与教的风格——兼作教育心理学综合评述［M］．于禾，等，译．台北：春秋出版社，1989.

[39] 张武升．当代中国教学风格论［M］．南昌：江西教育出版社，1993.

[40] 郭外郭．哲学：个性及其形成［M］．西安：陕西人民出版社，1990.

[41] 周冠生．个性心理学［M］．北京：知识出版社，1987.

[42] 史爱荣，孙宏碧．教育个性化和教学策略［M］．济南：山东教育出版社，2001.

[43] 王晓春．教育智慧从哪里来：点评100个教育案例（小学）［M］．上海：华东师范大学出版社，2005.

[44] 张宝臣，张玉森，王秀兰．课堂教学艺术［M］．哈尔滨：哈尔滨工业大学出版社，1994.

[45] 汪刘生．教学美学［M］．长春：吉林人民出版社，2005.

[46] 李如密．教学美的价值及其创造［M］．广州：广东高等教育出版社，2007.

[47] 吴康宁．课堂教学社会学［M］．南京：南京师范大学出版社，1999.

[48] 胡家祥．审美学［M］．北京：北京大学出版社，2000.

[49] 袁鼎生．教育审美学［M］．桂林：广西师范大学出版社，2001.

[50] 肖川．教师：与新课程共成长［M］．上海：上海教育出版社，2004.

[51] 胡惠闵，王建军．教师专业发展［M］．上海：华东师范大学出版社，2014.

[52] 王守恒，姚运标．课程改革与教师专业发展［M］．合肥：安徽教育出版社，2007.

[53] 曾茂林．论制度化教育中具体人的生存与发展［J］．全球教育展望，2009（10）：40－44.

[54] 唐荣德．制度化教育下的学习生活探讨［J］．广西师范大学学报（哲学社会科学版），2011（6）：110－114.

[55] 陈桂生．再论“制度化教育”——兼答康永久君［J］．当代教育论坛，2002（4）：34－36.

[56] 康永久．教育制度化：概念的厘定［J］．当代教育论坛，2002（1）：23－25.

[57] 向纯．论制度化教育及其变革［J］．株洲师范高等专科学校学报，2005（3）：37－40.

[58] 李允．教学个性：具有规约性的教学资源［J］．教育理论与实践，2012（10）：48－51.

[59] 李卯，张传燧．教师教学个性的湮没与凸显——从控制性教学文化向生成性教学文化转变的视角［J］．教育理论与实践，2014（34）：47－51.

[60] 安瑞霞，代建军．教学个性的塑造［J］．教育科学研究，2013（2）：67－71.

[61] 李允．教学个性缺失的教师“自为”探因［J］．天津师范大学学报（基础教育版），2013（3）：15－19.

[62] 张勇．教师教学个性的遮蔽和彰显［J］．教育理论与实践，2012（8）：35－37.

[63] 李卯．教师教学个性的遮蔽与彰显——学校文化分析的视角［J］．湖南师范大学教育科学学报，2011（1）：60－67.

[64] 潘露．教师教学个性缺失的原因探微及理想出路教育［J］．学术月刊，2011（4）：65－67.

[65] 李德林，徐继存．教学个性的遮蔽与澄明——基于教学制度视角的分析［J］．教育研究与实验，2010（1）：59－63.

[66] 袁丹．试析教学个性的内涵与意义［J］．教育理论与实践，2014（5）：3－5.

[67] 韩国海．教师个性心理刍议［J］．辽宁教育学院学报，2002（1）：40－42.

[68] 胡伟平．教师个性与教学关系初探［J］．浙江师大学报（社会科学版），1998（1）：92－94.

[69] 张积家．论高等学校教学的规范化和个性化［J］．烟台师范学院学报（哲社版），1999（2）：80－85.

[70] 郭恒泰．试论教学个性化［J］．上海教育科研，2000（2）：47－48.

[71] 陈静．课堂教学个性化探析［J］．教育探索，2002（4）：74－75.

[72] 徐厚安．张扬个性　复归本源——关于语文教学个性化的思考［J］．中学语文教学，2004（3）：15－17.

[73] 刘静，赵捧莲．“人是什么”还是“人是谁”——海德格尔的人之问及其对教育

的启示［J］．社会科学家，2003（6）：26－28.

［74］多尔．后现代思想与后现代课程观［J］．王红宇，译．全球教育展望，2001（2）：42－45.

［75］沈兰．教师参与课程开发：意义与途径［J］．全球教育展望，2002（1）：56－59.

［76］高伟．课程文本：不断扩展着的“隐喻”［J］．全球教育展望，2002（2）：47－51.

［77］杨明全．论课程研究的诠释学取向［J］．全球教育展望，2002（2）：41－46.

［78］李伟言．试论海德格尔存在哲学的教育学意义［J］．教育研究与实验，2002（4）：23－27.

［79］王铁群．制度化教育视域下的新课程实施［J］．辽宁教育研究，2006（7）：47－50.

［80］冯建军．制度化教育中的公正：难为与能为［J］．教育科学研究，2007（2）：5－10.

［81］盛冰．重建制度社会资本：当今西方学校制度改革的新视角［J］．比较教育研究，2005（6）：22－27.

［82］徐强．制度化教育与学习化社会关系浅析［J］．中国成人教育，2000（8）：11－12.

［83］邹吉忠．现代制度与自由秩序的形成［J］．北方论丛，2002（2）：61－64.

［84］曲正伟，孙艳．我国教育政策实施困境的学校制度解答［J］．教育理论与实践，2002（3）：14－17.

［85］王桂艳．平等、自由与制度正义［J］．思想战线，2006（4）：32－37.

［86］邓志伟．教学制度与个性发展［J］．江西教育科研，1995（4）：37－40.

［87］麻美英．规范、秩序与自由［J］．浙江大学学报（人文社会科学版），2000（6）：115－122.

［88］郭晓明．从“圣经”到“材料”——论教师教材观的转变［J］．高等师范教育研究，2001（6）：17－21.

［89］张晓玲．教育本性的迷失［J］．教育理论与实践，2004（12）：1－3.

［90］陈巧云．简论教师个性心理品质对教学的影响［J］．南平师专学报（社会科学版），1996（3）：78－80.

［91］李建忠，刘松年．教师个性及教学个性［J］．江西教育（管理版），2007（21）：41－43.

[92] 王柳行. 论教师的教学个性 [J]. 教学与管理, 2007 (36): 114-115.

[93] 白红梅. 多元文化理念下对制度化教育评价的几点反思 [J]. 内蒙古民族大学学报 (社会科学版), 2007 (1): 107-109.

[94] 黎琼锋. 教师的教学个性与主体性教育 [J]. 江西教育科研, 2001 (10): 20-22.

[95] 杨小秋. 论教育实践的自由 [J]. 大学教育科学, 2008 (2): 25-28.

[96] 陈冬. 浅述教师、学生角色转变的内涵及其意义 [J]. 上海教育科研, 2007 (9): 58-59.

[97] 梁毳. 师生二元主体和谐发展论 [J]. 北京行政学院学报, 2007 (5): 78-81.

[98] 李秀伟, 刘晓. 教学: 回归"人"的考察 [J]. 当代教育科学, 2007 (13): 21-23.

[99] 张国辉. 论教学风格和学习风格的相互作用 [J]. 中国成人教育, 2007 (8): 117-118.

[100] 阿斯亚·依克木. 浅谈教师的教学风格 [J]. 中南民族大学学报 (人文社会科学版), 2007 (S1): 218-219.

[101] 杨倩茜, 周红. 教师非智力因素对教育教学的影响 [J]. 中国成人教育, 2007 (5): 121-122.

[102] 刘浩. 新课标呼唤有个性的语文教学 [J]. 教学与管理, 2007 (18): 129-130.

[103] 徐金超. 教学观·历史观·教学个性——课程改革背景下历史教学的统一与个性 [J]. 历史教学, 2006 (10): 28-31.

[104] 申学峰, 周钧光. 构建彰显生命的生态课堂 [J]. 教学与管理, 2006 (22): 49-50.

[105] 庄锦英, 苏旬艳, 李春花. 从个性特点看教师的专业发展 [J]. 当代教育科学, 2005 (19): 54-55.

[106] 冉祥华. 谈教师工作的创造性 [J]. 教育探索, 2005 (6): 18-21.

[107] 胡涛海. 教师要学会经营自己 [J]. 人民教育, 2005 (7): 36-37.

[108] 储建明, 华家炫, 陈绍中, 等. 个性——语文教师专业发展的主要特征 [J]. 语文教学通讯 (高中刊), 2005 (1): 37-38.

[109] 徐建春. "以人为本"把握课堂教学评价 [J]. 教学与管理, 2004 (29): 51-52.

[110] 刘奕. 多元智能视野下的教师专业发展 [J]. 当代教育科学，2004 (9): 48-49.

[111] 杜瑛. 关注教师的“教学权” [J]. 中小学管理，2003 (8): 22-24.

[112] 赵瑛. 新课程理念下的教师教学行为 [J]. 当代教育科学，2003 (10): 26-27.

[113] 李如密. 教学风格的内涵及载体 [J]. 上海教育科研，2002 (4): 41-44.

[114] 裴文敏，卢真金. 试论教师的教学个性化 [J]. 教育研究与实验，1990 (1): 20-24.

[115] 刘旭，叶巧先. 在存在性与个人性之间：课程本质的再思考 [J]. 湖南师范大学教育科学学报，2007 (6): 18-20.

[116] 徐继存. 教学个性的缺失与培育 [J]. 教育发展研究，2008 (10): 29-32.

[117] 刘文霞. 论教育艺术 [J]. 前沿，1995 (5): 43-48.

[118] 雷维平. 课堂上要有真正的精神生活——赞科夫教学思想研究札记 [J]. 比较教育研究，1984 (2): 36-39.

[119] 蒋笃运. 浅议教师的个性心理品质 [J]. 河南师范大学学报（哲学社会科学版），1989 (3): 83-85.

[120] 陈潇明. 如何正确形成自己的教学特色 [J]. 江西教育，1992 (3): 46-47.

[121] 曾令英. 人本视野下教师的专业自我发展——评《教师专业化的理论与实践》[J]. 中国教育学刊，2015 (1): 114.

[122] 曲中林. “制度人”与教师专业发展的制度化依赖 [J]. 大学教育科学，2013 (3): 76-81.

[123] 丁永华. 教师教学个性的培养 [J]. 内蒙古师范大学学报（教育科学版），2015 (2): 93-94.

[124] 付丽和. 教师教育教学个性相关概念辨析 [J]. 内蒙古师范大学学报（教育科学版），2015 (3): 45-47.

[125] 郭洋. 教师专业化发展中教学个性的缺席与彰显——基于课程改革视角分析 [J]. 教育教学论坛，2015 (6): 199-201.

[126] 周倩，覃兵. 教师教学个性的缺失原因与培育途径探析——基于学校文化分析的视角 [J]. 课程教学研究，2015 (7): 20-22.

[127] 李允．志气、勇气、才气：教师教学个性彰显的自为品质［J］．天津师范大学学报（基础教育版），2015（3）：47－51.

[128] 施丽．教学智慧中的教学个性和教学风格［J］．基础教育研究，2015（12）：8－11.

[129] 付丽和，刘文霞．论教师教育的教学目标个性［J］．内蒙古师范大学学报（教育科学版），2014（2）：1－3.

[130] 刘占泉．语文教学个性辨［J］．教育科学论坛，2014（5）：46－47.

[131] 郝晓霞．生命意识——语文个性教学应有的追求——由民国老国文课本说起［J］．教育实践与研究（B），2014（9）：39－42.

[132] 章建锋，赵娟．“尊重”事物的个性——议化学反应原理教学中的几则“想当然”案例［J］．中学化学教学参考，2015（5）：35－38.

[133] 田慧生．时代呼唤教育智慧及智慧型教师［J］．教育研究，2005（2）：50－57.

[134] 邹玲．谈教育智慧和教师教育智慧的生成［J］．内蒙古师范大学学报（教育科学版），2005（10）：36－38.

[135] 肖远骑．教育智慧刍议［J］．教育研究，2015（4）：100－103.

[136] 刘创．教育智慧：教师专业素养的核心构成［J］．湖南师范大学教育科学学报，2004（3）：15－17.

[137] 王枬．教育智慧：教师诗意的栖居［J］．社会科学家，2002（3）：5－9.

[138] 郭元祥．教师教育智慧生成的三个基础［J］．教育科学研究，2008（1）：14－17.

[139] 李政涛．追寻“生命·实践”的教育智慧——叶澜与“新基础教育”［J］．中小学管理，2004（4）：22－26.

[140] 熊川武．论教师教育智慧发展的策略［J］．贵州社会科学，2008（4）：19－24.

[141] 何二毛．教师实践智慧：理解、建构教师教育理论与实践融合的关键［J］．河南师范大学学报（哲学社会科学版），2015（12）：178－181.

[142] 安瑞霞，代建军．基于教师教育智慧生成的教育启蒙［J］．江苏师范大学学报（哲学社会科学版），2015（11）：118－122.

[143] 侯云燕，王晋．实践智慧——教育理论与教育实践交融的桥梁［J］．中国教育学刊，2014（12）：28－33.

[144] 靖国平．教育智慧伦理：教师职业道德的新境界［J］．上海师范大学学报（哲学社会科学版），2015（1）：46－51.

[145] 刘春梅．刍议高职教师教育智慧的成长［J］．内蒙古师范大学学报（教育科学版），2015（9）：54－56.

[146] 文雪，林叶舒．教育智慧的内涵理解［J］．教育理论与实践，2014（2）：49－52.

[147] 蒋开君．教育体验与教育智慧——现象学对教师教育的启示［J］．青海师范大学学报（哲学社会科学版），2014（1）：126－129.

[148] 蓝劲松，韩亚楠．智慧教育：一个现象学的探究［J］．中国人民大学教育学刊，2014（3）：56－70.

[149] 陈建新．中小学教师创造性教育智慧的养成［J］．教学与管理，2014（24）：53－55.

[150] 李德林．教学个性研究［D］．济南：山东师范大学，2010.

[151] 袁丹．基于学校文化的教师教学个性研究［D］．重庆：西南大学，2014.

[152] 张利霞．教师教学个性的生成机制与培养策略研究［D］．重庆：西南大学，2010.

[153] 张梅．教师教学个性的缺失与追求［D］．长沙：湖南师范大学，2012.

[154] 毛娅娅．一位小学语文教师教学个性形成的叙事研究［D］．武汉：华中师范大学，2014.

[155] 张茜．论语文教师的教学个性［D］．长沙：湖南师范大学，2005.

[156] 蔡延泉．被束缚的个性——对一位中学教师教学生活的教育社会学解读［D］．曲阜：曲阜师范大学，2007.

[157] 彭阳红．知识的个性化与教育学教学［D］．长沙：湖南师范大学，2005.

[158] 王月莲．教学个性的实然现状与应然追求［D］．呼和浩特：内蒙古师范大学，2005.

[159] 陈晓娟．个性的意义及其培养——以中学英语教学为例［D］．重庆：西南师范大学，2004.

[160] 郭良璞．个性化教学理论的探索［D］．长春：东北师范大学，2006.

[161] 和爱芳．教师教学风格研究［D］．昆明：云南师范大学，2006.

[162] 曾洁萍．制度化教育下班级差生形成原因的研究［D］．长沙：湖南师范大学，2006.

[163] 刘保民．智慧型教师成长初探［D］．济南：山东师范大学，2007.

[164] 康拾才．制度化社会教育的困境与出路——以制度分析的视角［D］．长沙：湖南师范大学，2007.

[165] 朱伟．人的自由发展与制度的互动关系研究［D］．长沙：中南大学，2006.

[166] 曹正善．教育智慧理解论［D］．上海：华东师范大学，2006.

[167] 郭晓娜．论教师的教育智慧［D］．重庆：西南大学，2007.

[168] 王卫华．课堂教学中的教育智慧［D］．武汉：华中师范大学，2006.

[169] GRIFFIN G. Introduction：The Work of Staff develop men［M］. Chicago：The University of Chicago Press，1983.

[170] BULLOUTH R V，KAUCHAK D P，Crow N，et al. Professional Development Schools：Catalysts for Teacher and School Change［J］. Teaching and Teacher Education，1997，1（32）.

[171] MARLAND P. The International Encyclopedia of Education［C］. New York：Pergamon，1994.

[172] MICHAEL · W · APPLE. Education and Power［M］. New York：Oxford University Press，1982.

[173] PARK，C C. Crosscultural Differences in Learning Styles of Secondary English Learners［J］. Bilingual Research Journal，2002（2）.

[174] SHARPE K. Mr Gradgrind and Miss Beale：Old Dichotomies，Inexorable Choices and What Shall We Tell the Students About Primary Teaching Methods［J］. Journal of Education for Teaching，1997（1）.

[175] WU S Y，RUBIN，D L. Evaluating the Impact of Collectivism and Individualism on Argumentative Writing by Chinese and North American College Students［J］. Research in the Teaching of English，2000（2）.

附录一　中小学教师教学个性现状与对策调查问卷（教师版）

老师：

您好！首先感谢您的热心参与和支持。本问卷专门为课题研究所设，调查所获信息只用于课题研究，请按您的真实想法填写。谢谢！

个人基本信息：

性别：	年龄：	教龄：	学历：	职称：
工作单位：	小学□	初中□	高中□	
工作单位所在地区：	城市□	乡镇□		
教师类型：	代课教师□	正式教师□		
任教科目：	语文□	数学□	英语□	物理□
	化学□	政治□	历史□	地理□

1. 您认为教材（　）（单选）

A. 是课堂教学的知识依据　　B. 是课堂教学的知识参考

C. 是本学科的知识权威　　D. 是国家要求的知识载体

2. 在教学过程中，当某个知识点有不同的解释或看法时，您会（　）（单选）

A. 以教材上的解释为准　　B. 以教学参考书上的解释为准

C. 以个人的理解为准　　D. 与同事商量

3. 在备课时，您喜欢（　）（单选）

A. 搜集各种教参上的教案　　B. 模仿老教师的套路

C. 尽量根据自己的情况设计教案

4. 在教学活动中遇到难题时，您会（　）（单选）

A. 用已有经验解决　　B. 尝试新的解决方法

C. 借鉴别人的经验　　D. 选择放弃

5. 在教学工作中，您感觉自己（　）（单选）

A. 只是完成任务的教学工作者　　B. 只是一个教书育人的教育者

C. 是在创造自己的生活者

6. 您认为教学活动（　）（单选）

A. 只是一种工作　　B. 只是谋生的手段

C. 是教师生活中的一部分

7. 您认为在现实工作中，教师的教学个性发挥（　）（单选）

A. 不理想　　B. 一般　　C. 较明显　　D. 明显

8. 您认为，当前影响教师教学个性发挥的因素有（　）（多选）

A. 教师的反思意识与行为　　B. 教师的教研能力

C. 教师的教育教学理念　　D. 教育管理体制

E. 各种具体的教学规章制度　　F. 教学评价体系

G. 课程设计与开发的模式　　H. 教师职前培养模式

I. 教师的教学工作量　　J. 其他

9. 您会反思自己的教学工作吗（　）（单选）

A. 不会　　B. 偶尔　　C. 有时　　D. 经常

10. 近10年中，您主持或作为主要成员参与的课题有（　）（单选）

A. 0项　　B. 1项　　C. 2项　　D. 3项及以上

11. 近10年中，您作为第一作者公开发表的教改论文有（　）（单选）

A. 0篇　　B. 1篇　　C. 2篇　　D. 3篇及以上

12. 您对当前新的教育教学理论（　）（单选）

A. 不了解　　B. 了解一点　　C. 很了解　　D. 很了解并有一定启示

13. 您认为当前中小学教育主要是（　）（单选）

A. 一种知识、技能教育　　B. 一种德性教育

C. 一种养成教育

14. 您认为当前的教育管理体制（　）（单选）

A. 注重自上而下的行政领导　　B. 注重教师参与管理

C. 注重教师的自主管理

15. 您认为您所在学校的教学规章制度对教师的教学行为（　）（单选）

A. 主要从宏观方面进行调控　　B. 有一定程度的具体指导

C. 侧重于规范与限制

16. 您认为当前中小学教学评价方式（　）（单选）

A. 是注重分数的数量化评价

B. 是注重技能的专门性评价

C. 是注重身心发展的常态化评价

17. 您认为当前中小学课程内容选择及教材编写过程中，教师（　）（单选）

A. 完全没参与　　B. 很少参与　　C. 有一定参与　　D. 参与较多

18. 您所在学校所用教材（　）（单选）

A. 全是国家指定教材

B. 国家指定教材为主，有一定的地方开发教材

C. 国家指定的教材为主，地方与学校开发的教材为辅

19. 您认为当前教师职前培养最需要加强（　）（单选）

A. 职业道德的养成　　B. 学科知识的传授

C. 教学方法的训练　　D. 反思意识与创新思维的培养

20. 您通常一周要上多少节课？（　）（单选）

A. 10 节以下　　B. 10～15 节　　C. 15～20 节　　D. 20 节以上

21. 下表各种生成教师教学个性的措施，请根据实际情况进行选择

措施 \ 重要程度	不重要	较不重要	一般	比较重要	非常重要
教师养成良好的反思意识					
激发教师的主体性与创造意识					
建构促进人的发展的教学评价体系					
提高教师在课程开发系统中的地位					
激发教师参与教育科研的积极性					
建设民主的、以教师权力为主体的教学管理制度					
构建中小学教师专业组织或团体					
加强对教师新的教育理论的学习培训					
改革教师职前培养方式					
合理配置教师的工作量					

22. 您认为激发教师教学个性的其他措施有：________________

附录二　中小学教师教学个性现状与对策访谈提纲（教师版）

1. 您认为教学活动是侧重事前计划还是侧重在过程中的即时发挥？
2. 您认为应如何处理教师角色中的“工具人”与“个体人”的关系？
3. 您如何看待教师的标新立异行为？教师教学个性发挥有何意义？
4. 您认为束缚教师教学个性的因素有哪些？
5. 您认为可以采取哪些措施来激发教师教学个性的生成？

后　　记

对教学个性的关注，从读研究生时就已开始，至今已有八载。当初，我从湘中一个偏僻的乡镇中学走出来读研，之所以选择教育学专业，缘于个人对教育教学实践的迷惘与困惑。确实，对我而言，几年的中学教学生活让我亲历了当今中小学教师的欢喜与艰辛，目睹了存在于教学实践中的种种问题：循规蹈矩的教学步骤，按部就班的教学过程，机械单调的教学生活等。这迫使我开始关注教师的工作状态和生存处境。

读研究生时，导师孙俊三先生就告诫我：人的精力有限，不要企求看完所有的专业书籍，而应该寻找到自己研究的兴趣点，然后有的放矢，查阅相关的资料和书籍，把学习和研究结合起来。导师的教导无异于为学良方，多年来，我围绕着教师教学个性这一主题，在学习、工作的同时展开了一定的思考和探究，虽然在这一方面的知识体系尚未完善，所持的观点也有待商榷，但至少已有了自己的一些体会和见解，一些初步的研究成果也得到了公开发表。可以说，这本二十万字的小书就是我已有研究成果的一次汇总。

学术研究的八年，也是我人生历程中丰富多彩的一个阶段。读研生活的艰苦和充实、初入高校工作时的新奇与焦虑、事业上取得些许成绩的兴奋与张狂如昨日往事历历在目。而在我生活中的每一时刻，总有人在背后给我及时的关注与支持。其中，有师长的教导与引领，有领导的鞭策与督促，有亲人的关爱与呵护，有朋友的理解与鼓励，有同事的助力与推举。感谢我的家人，他们虽然平凡，但给予了我世上最无私的关爱与温暖；感谢我的导师孙俊三先生，不仅把我引上了学术研究之路，在生活与工作上也一直颇为关照，谆谆诱导的长者之风对我的为人处世影响甚远；感谢我的领导，尤其是郭文院长，给我提供了足够的专业发展平台，并不断激励我获得更多的学术成果；感谢我身边的同事和朋友们——张金勇、袁川、罗超、雷经国等，虽然在工作上常有不同见解，但工作之余的闲聊，往往能使一时迷失的自己找回生活的正道，而一句不经意的询问，常常能让我感到一种游子久违的温暖。

当然，需要感谢的人还有很多。亦师亦长的李建年老师，我在工作上多年蒙受他的指导与帮助；热心的王祥博士，为我的专著出版出谋划策，并在我懈怠时及时敲打与提醒；赤诚的王中华博士，帮我联系出版社之余不忘告诉我个人的成功经验。最后，还要感谢贵州教育发展研究中心的唐志明主任，为本书的出版鼎力相助，给予了宝贵的经费支持；感谢中国财富出版社的王淑珍编辑，不仅要帮我费心的排版和校对，还要忍受我无休止的拖拉，没有她的催促，本书很难现在出版。

黎平辉

2015 年 8 月于贵阳乌当